노송정,
종가의 시간은 이어진다

**노송정,
종가의 시간은 이어진다**

초판 1쇄 | 2025년 2월 23일
지은이 | 이창건

편집인 | 최문성
디자인 | 도로시
펴낸이 | 최문성
펴낸곳 | 도서출판 달구북
　　　　주소_대구광역시 수성구 범안로4안길 28, 1층(범물동)
　　　　전화_070.4175.7470　팩스_0504.199.0257
　　　　전자우편_dalgubook21@naver.com
　　　　홈페이지_www.달구북.com
　　　　출판등록_제2022-000001호

ⓒ 2025, 이창건

ISBN 979-11-90458-59-7 (03810)

이 책은 저작권법에 따라 보호받는 저작물이므로 무단 전재 및 복제를 금합니다. 내용의 전부 또는 일부를 이용하려면 반드시 저작권자와 도서출판 달구북의 서면 동의를 받아야 합니다.

노송정,
종가의 시간은 이어진다

18대 종손
이창건

序文

역사를 품은 가문에서

    노송정老松亭 종가宗家의 18대 종손宗孫으로서의 삶은 한국 전통문화의 맥脈을 잇고 그 가치를 후손들에게 전달하려는 여정이라 할 수 있습니다. 저의 어린 시절은 가문의 깊은 역사를 배우고, 조상의 지혜를 느끼며 성장하는 시간들로 가득했습니다.

    노송정이라는 공간은 단순히 오래된 건물이 아니라, 우리의 선조들이 품었던 교육과 인내의 이상이 담긴 곳입니다. 이곳에서 이어져 온 학문의 전통은 오늘날 저의 철학과 가치관을 형성하는 데 뿌리가 되었습니다. 그뿐만 아니라, 이 공간은 후손들에게도 마찬가지로 학문과 지혜를 이어가는 터전이 되어야 합니다.

큰문중의 종손으로서 가문의 전통을 이어가는 중요한 책임과 역할 중의 하나인 매년 13번의 제사를 모시며, 조상의 뜻을 기리고 후손들에게 그 의미를 되새기는 일은 단순한 의례儀禮를 넘어선 가문의 유산을 잇는 중요한 과정이었습니다. 제사를 준비하며 매번 느꼈던 책임감과 그 과정에서 배운 전통의 깊이는, 저를 오늘의 저로 만들어 준 근원이었습니다.

노송정 종택宗宅을 보존하고 국가문화재로 지정받기까지의 여정은 제 삶의 중요한 업적 중 하나로 기억됩니다. 이 여정은 단순히 개인적인 성취를 넘어, 우리 사회가 전통을 보존하고 가치 있게 여길 수 있는 하나의 사례로 남기를 희망합니다.

전통의 가치는 단순히 과거를 추억하는 것이 아니라, 오늘날 우리가 나아가야 할 길을 비추는 거울이라 생각합니다. 노송정에서 이어져 온 종중(宗中/성과 본이 같은 한 문중)의 이야기는 우리 사회가 잊지 말아야 할 문화적 유산이며, 후손들에게 전해야 할 소중한 지혜입니다. 전통은 현재와 연결될 때 진정한 의미를 갖습니다.

우리 종중이 걸어온 길과 노송정 종가가 품은 역사를 이해하고, 그 가치를 이어나가는 데 이 책이 작은 역할을 할 수 있기를 희망합니다.

이 글을 통해 전통과 현대의 조화를 고민하는 분들, 그리고 각자의 삶 속에서 전통을 새롭게 만들어가고자 하는 분들에게 작은 영감이 되기를 바랍니다.

노송정 18대 종손
지송 **이창건** 드림

목차

* 序文

1부_ 진성이씨 노송정 종가

1. 노송정 종가 개창
    _진성이씨 온혜파조 노송정 이계양 공   14
    _선조의 권학 환경 조성과 해동 대현의 탄생   20

2. 노송정의 가계도   33

3. 노송정의 유산
    _노송정   38
    _수곡재사, 고산재사   47
    _국망봉   50
    _노송정 각소   52

2부_ 삶의 고비에서 배운 것들

1. 학창 시절 … 58
2. 베트남전 파병 … 64
3. 교사 시절 … 67
4. 대학교수 시절 … 69
5. 종손으로서의 삶 … 72

3부_ 소중한 나의 가족

1. 나의 아내 … 78
2. 나의 두 아들 … 83

4부_ 전통을 이어가다

1. 문중을 위하여 추진한 일
   _노송정 종택 개·보수　　　　　　108
   _산소 정비 사업　　　　　　　　116
   _요산정 이건　　　　　　　　　119
   _수곡재사 중건　　　　　　　　121
   _국가문화재 지정　　　　　　　130
   _노송정 도감록 편찬　　　　　　137
   _그 외 문중을 위해 한 일들　　　140
2. 가양주를 계승하다　　　　　　　142

5부_ 전통을 알리다

1. EBS 한국기행(2015년)   148
   〈어린 종손의 눈에 비친 불천위 제사〉

2. KBS 다큐공감(2017년)   152
   〈노송정의 시계는 멈추지 않는다〉

3. TBC 고택음악회(2014년)   156
   〈전통과 현대의 만남〉

6부_ 80년의 삶, 그리고 남은 길

1. 지인들의 축하   162
2. 동생들의 편지   173
3. 지난 세월의 회고와 감사   176
4. 앞으로의 다짐과 남기고 싶은 말   178

* 後記

遲松 李昌建 回顧錄

진성이씨
노송정 종가

1. 노송정 종가 개창

▎진성이씨 온혜파조 노송정 이계양 공

　조선 전기를 대표하는 큰 사건들이 여럿 있지만 의미 있는 사건을 꼽으라면, 그중 하나가 바로 계유정난癸酉靖難일 것입니다. 1453년 조선의 제6대 왕인 단종이 숙부인 수양대군(세조)에 의해 폐위廢位된 이 사건은 조선 역사에서 매우 중요한 전환점으로 인식되고 있습니다.

　권력에 의해 왕위를 상실한 사건은 우리 역사를 비롯해 세계사에도 종종 있었습니다. 물론 왕권을 가진 당시의 왕이 민생을 잘 보살피지 못하거나, 정통성을 잇지 못했거나, 올바른 정치를 하지 못했다면 백성들이 폐위를 원했겠지만, 단종은 확립된 정통성에 왕으로서의 잠재력도 충분했습니다. 게다가 폭정이나 실정을 일삼은 적도 없었습니다. 특히, 당시는 조선 사회가 안정기에 접어들고 성리학이 본격적으로 자리 잡은 후였기 때문에 단종의 폐위는 많은 이들의 반발을 불러일으켰습니다. 그야말로 명분도 정통성도 없는 쿠데타였던 셈입니다.

〈강원도 영월에 위치한 단종의 묘소 장릉莊陵〉

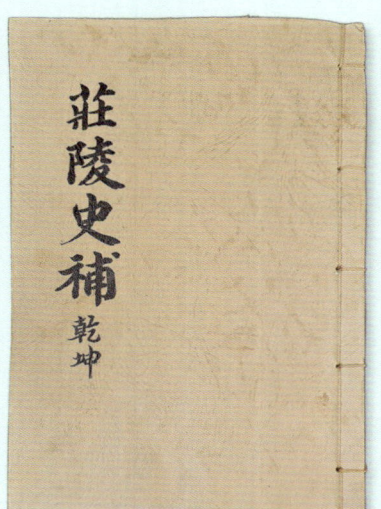

〈장릉사보莊陵史補〉
정조의 명에 의해 단종을 역사적으로 복원한 기록서, 여기에 단종의 충신으로 이계양 공이 기록되어 있다.

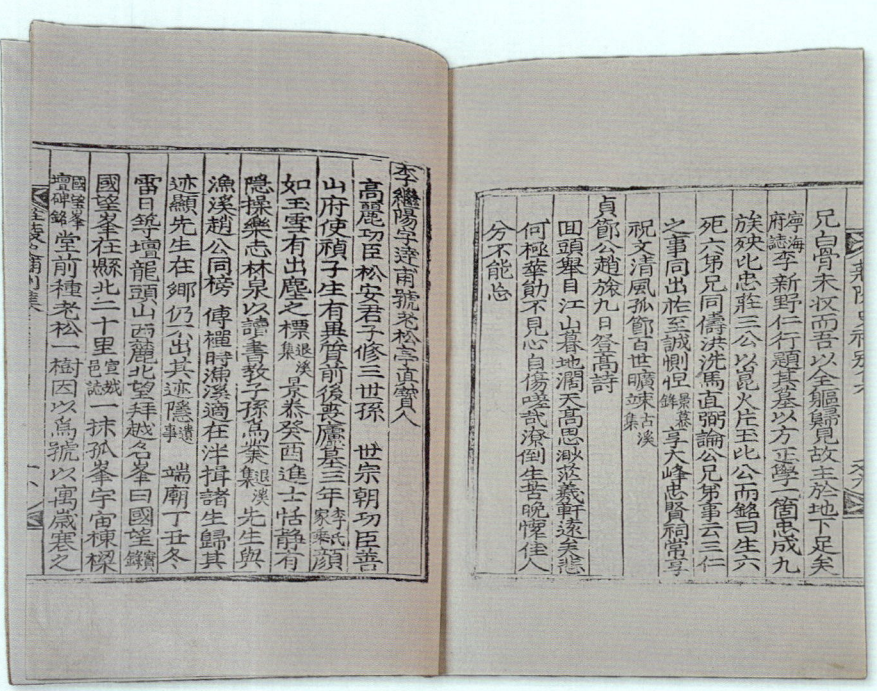

무릇 정의롭지 못한 일에 반대 목소리를 높였던 선비들이 분연히 봉기蜂起하는 것이 당연했던 시절, 조선시대에도 그 이후에도 의기 넘치는 지식인들이 정의를 바로 세우고자 나서는 모습은 크게 다르지 않았습니다.

조선 전기의 선비인 이계양李繼陽 공 역시 쓰러진 정의를 바로 세우고자 했던 선비였습니다. 본관은 진보眞寶, 호는 노송정老松亭. 퇴계退溪 이황李滉 선생의 할아버지로 널리 알려진 인물이며, 우리 진성이씨眞城李氏 온혜파조溫惠派祖이십니다.

〈노송정 종가 전경〉

성균진사成均進士셨던 이계양 공은 계유정난 이후 단종이 폐위되자 초야에 은거하기로 결심하여 분연히 낙향하셨습니다. 봉화현 교도敎導로서 재직하며 당시 신라현 고개를 넘어가던 중, 몹시 허기져 있는 스님 한 분을 구하게 되었습니다. 그것이 인연이 되어 스님께서 현재의 노송정 집터를 알려주시며, 여기에 집을 지으면 귀한 자손을 둘 것이라고 했습니다. 그 후 노송정 당대에 찬성공贊成公, 송재松齋 선생, 온계溫溪 선생에 이어 대현大賢이신 퇴계 선생이 탄생하셨습니다.

〈노송정 향나무〉

노송정에는 당호堂號로 부르게 된 노송나무가 있습니다. 세종대왕 때 선산부사를 지낸 이정李禎 공이 여진족의 침공을 막기 위해 영변진 설치와 약산성 판관으로서 큰 공적을 남기고 귀향하는 길에 약산의 향나무를 세 그루 가져와 한 그루는 본가인 주촌 종택周村 宗宅에, 한 그루는 사위인 선산박씨 집에, 그리고 한 그루는 셋째이신 이계양 공이 노송정 앞마당에 심었다고 합니다.

노송정의 향나무는 150여 년 전 폭설로 고사했으나, 일가인 이동환 씨가 주촌 종택의 향나무에서 새로 분재하여 십여 년을 키운 다음, 1993년 식목일에 직접 운반해 와서 노송정 현 위치에 다시 식재하여, 원래 그 자리에 계속 있었던 노송처럼 무성하게 자라고 있습니다.

선조의 권학 환경 조성과 해동 대현의 탄생

〈온천정사溫泉精舍 편액이 걸려있는 큰사랑채〉

 정경부인 춘천박씨

    정경부인貞敬夫人 춘천박씨는 퇴계 선생뿐만 아니라 온계溫溪 이해李瀣 선생을 포함한 여러 자녀들을 훌륭하게 길러낸 어머니로서 깊은 존경을 받고 있습니다. 하지만 여섯 아들과 한 딸을 홀로 키워 성혼과 독립에 이르게 하기까지 겪은 수많은 고생은 충분히 미루어 짐작할 수 있을 것입니다.

퇴계 생후 6개월 만에 선친이 병으로 세상을 떠났을 때, 큰아들은 막 장가를 들었을 뿐, 나머지 어린 자녀들의 생계를 책임져야 했습니다. 홀로 농사와 양잠을 하며 가난한 형편에도 학비를 마련해 자녀들을 먼 곳의 서당까지 보내기도 했습니다.

자녀들에게 항상 훈계하기를, "과부의 자식은 배움이 부족하다는 비난을 받지 않으려면 남들보다 백배 더 노력해야 한다."라며 백배 학습을 강조했습니다.

퇴계 선생이 찬撰한 모부인 춘천박씨의 묘갈문墓碣文에 따르면, "우리 어머니는 단아한 자질을 타고났으며 집안을 지키고 안살림을 꾸리는 데 있어 조선시대 여성의 표본標本이 되었습니다. 시어머니를 지극 정성으로 도셨고, 조상의 제사를 성심껏 섬기며 가정을 근검하게 다스렸습니다. 자녀들에게 공부를 독려하면서도 단순한 학문적 성공을 넘어 올바른 인간됨을 강조하였고, 출세보다 도리를 중시하였습니다."라고 했습니다.

퇴계가 5세 때, 형이 칼에 손을 베이자 형을 붙들고 울던 어린 퇴계에게 어머니께서 "형은 울지 않는데 왜 네가 우느냐?"라고 묻자, 퇴계는 "형이 울지 않지만, 피가 흐르니 아프지 않을 리가 있겠습니까?"라고 답했다고 합니다. 이는 어머니의 가르침이 퇴계의 따뜻한 인성과 공감 능력을 형성하는 데 영향을 주었음을 보여줍니다.

32세에 홀로된 춘천박씨 부인은 부군의 삼년상을 마친 후, 농사와 양잠에 더욱 힘쓰며 자녀들의 학업을 뒷받침했습니다. 부인께서 세상일의 어려움을 내다보며 환란患亂에도 가업을 잃지 않고 유지했습니다. 자녀들에게는 항상, "학문은 인격을 닦고 세상을 이롭게 하는 수단이 되어야 한다."라며 학문의 덕목을 가르쳤습니다.

퇴계는 어머니에 대해, "아버지의 가르침과 형제들이 서로 공부하는 것을 들으며 깨우친 지혜는 사군자士君子와 다름이 없었다."라고 기록했습니다. 춘천박씨 부인은 자신의 지식을 드러내지 않고 자녀들의 실천과 행동을 통해 교육을 실현했습니다. 형제들이 학문과 인성을 겸비한 인물로 성장할 수 있었던 것은 어머니의 헌신과 교육 철학 덕분입니다.

부인께서는 단순히 자녀들의 성장을 돕고 집안을 지탱한 어머니를 넘어, 조선시대 모범적인 여성의 삶을 보여줍니다.

춘천박씨 할머니의 삶과 가르침은 노송정 종가에 깊은 영향을 주었으며, 조선시대 가정교육의 가치를 후대에 전하는 귀중한 유산으로 남을 것입니다.

퇴계 이황 선생

퇴계 이황(退溪 李滉, 1501-1570) 선생은 조선 중기를 대표하는 학자이자 교육자로, 성리학性理學을 체계적으로 정립하여 한국 사상사에 깊은 족적을 남긴 인물입니다.

선생은 학문적 깊이와 실천적 덕행으로 널리 존경받았으며, 조선뿐만 아니라 동아시아 성리학의 발전에도 크게 기여하였습니다. 선생의 사상과 업적은 단순한 학문적 연구를 넘어, 오늘날에도 많은 이들에게 지혜와 영감을 주고 있습니다.

퇴계 선생은 노송정 종택에서 6남 1녀 중 막내로 태어났습니다. 선생의 어머니께서 태몽胎夢으로 공자와 70여 명의 제자들이 대문으로 들어오는 꿈을 꾸었다는 것은 유명한 일화입니다. 노송정의 대문을 '성림문聖臨門'이라고 명명하게 된 것도 여기서 유래합니다.

퇴계 선생은 태어난 지 6개월 만에 아버지를 여의었지만, 헌신적인 어머니의 가르침 아래 성장하며 학문적 열정을 키웠습니다. 어머니는 "학문은 도덕적 수양의 수단이며, 사람의 본성을 완성하기 위한 도구"라는 가르침으로 선생의 학문적 방향성을 확립하는 데 중요한 역할을 했습니다.

선생은 6세에 천자문千字文을 배우며 비범한 학문적 재능을 보였고, 아침마다 전날 배운 내용을 공손히 복습하며 가르침을 받는 태도를 보였습니다. 이러한 유년기의 경험과 가정교육은 선생의 도덕적 철학과 성품 형성에 큰 영향을 미쳤습니다. 퇴계 선생은 성균관에 입학하기 전까지, 노송정과 용수사에서 형들과 함께 학문에 매진하였습니다.

성균관에서의 수학은 선생의 철학적 토대를 더욱 견고히 하는 계기가 되었으며, 성리학의 이치를 깊이 탐구하며 자신의 학문적 세계를 확립하였습니다. 선생의 학문은 단순한 지식의 축적이 아니라, 도덕적 삶과 사회적 책임을 강조하는 실천적 성격을 띠었습니다. 특히, 이理와 기氣의 상호작용에 대한 독창적인 해석으로 조선 성리학의 새로운 관점을 제시하였습니다.

퇴계 선생은 관직에 진출하여 다양한 행정적 역할을 수행하였으나, 언제나 학문과 도덕적 실천을 우선시하였습니다. 높은 관직 제안을 수차례 받았음에도 청렴과 소박함을 유지하며, 48세에 퇴직 후 고향으로 돌아와 학문과 교육에 전념하였습니다. 고향에서 제자 양성에 힘쓰며 조선 학문과 정치계에 큰 영향을 미친 인물들을 배출하였습니다.

퇴계 선생의 가장 중요한 학문적 유산 중 하나는, '도산서원陶山書院'입니다. 도산서원은 선생께서 후학을 양성하고 자신의 철학을 실천한 공간으로, 한국 교육사에서 중요한 위치를 차지합니다. 이곳에서 제자들과 함께 학문적 토론을 나누며 삶의 도리를 탐구하였습니다. 또한, 선생의 저서 『성학십도聖學十圖』는 조선 성리학의 핵심 텍스트로, 인간의 도덕적 완성과 사회적 조화를 위한 학문의 길을 지시하였습니다.

퇴계 선생의 철학은 인간의 본성과 도덕적 실천을 중심으로 한 성리학의 핵심을 이루며, 선생의 가르침은 오늘날에도 한국 사회와 교육에 중요한 지침이 되고 있습니다.

노송정 권학시

'권학시勸學詩'는, 조선시대 선비들이 자녀나 후손들에게 학문을 장려하고, 학문을 통해 도덕적이고 책임 있는 인간으로 성장하도록 가르치는 목적에서 작성된 시문詩文입니다. 이러한 전통은 가문 내에서 학문적 전통과 윤리적 가치를 전수하는 중요한 매개체로 기능하며, 특히 우리 가문에서도 대대로 이어져 온 소중한 문화적 자산입니다.

〈노송정 공이 두 아들에게 보낸 권학시 현판〉

노송정 권학시의 유래와 의미

이계양 공께서 당시 용수사에서 공부하고 있던 두 아들의 학업 성취를 격려하기 위해 권학시를 지어 보냈습니다. 훗날 1566년 11월, 퇴계 또한 조부 노송정의 시를 차운次韻하여 당시 용수사에서 공부하던 맏손자에게 보냈는데, 노송정 할아버지의 두 아들에 대한 학업성취를 바라는 뜻을 이어받아 열심히 공부하라는 간곡한 당부를 담고 있습니다.

지금도 우리 가문에 전해 내려오는 가학家學의 전통, 그 대표적인 예가 바로 권학시일 것입니다.

節序駸駸歲暮天   절서침침세모천
雪山深擁寺門前   설산심옹사문전
念渠苦業寒窓下   염거고업한창하
淸夢時時到榻邊   청몽시시도탑변

세월이 빨리 흘러 어느덧 한 해가 저물어 가는데
눈 덮인 산들이 절문 앞을 둘러싸고 있겠지

차가운 절간 창 아래 너희들 힘든 학업을 생각하니

맑은 꿈이 때때로 너희들 곁으로 달려가네

年將七十老爺孃 　연장칠십노야양

日日憐渠望立揚 　일일련거망입양

莫嘆如今勤苦業 　막탄여금근고업

定知他日孝無疆 　정지타일효무강

이미 나이가 칠십을 바라보는 늙은 부모가 되었구나

날마다 너희들에게 입신양명을 생각하고 바라노라

지금 부지런히 애써 공부하는 것을 탄식하지 말아라

너희들의 이름이 끝없이 이어질 것이다

〈노송정 공이 두 아들에게 보낸 권학시〉

퇴계 선생의 권학시

퇴계 선생 또한 손자 안도安道에게 권학시를 보내며 학문을 독려하셨습니다. 손자가 용수사에서 공부할 때 보낸 권학시는 단순한 격려의 글이 아니라, 후손에게 학문을 격려하는 선조의 뜻을 이어받아 학업에 매진하라는 깊은 교훈을 담고 있습니다.

> 念爾山房臘雪天 염이산방납설천
> 業成勤苦庶追前 업성근고서추전
> 二時三復無窮意 이시삼복무궁의
> 一枕更闌夢覺邊 일침경난몽교변
>
> ───────────────
>
> 섣달 눈 내린 산방에 있는 너를 생각하니
> 부지런히 학업을 이루라는 선조 말씀 미루어 바라노라
> 두 시에 담긴 무궁한 뜻을 세 번 반복하 읽노니
> 밤 깊은 베갯머리에도 꿈은 절로 깨이네
>
> 〈퇴계 선생이 손자 안도에게 보내는 권학시〉

노송정께서 두 아들에게 권학시를 보내고, 먼 훗날 퇴계 선생 역시 손자가 용수사로 공부를 하러 갔을 때 권학시를 보냈습니다. 대를 이어 내려오면서 후손들에게 전해진 권학시는 단순히 시적 형식을 갖춘 교육적 도구를 넘어, 가문의 전통과 학문의 중요성을 상징하는 문화적 유산으로 자리 잡았습니다. 이 시들은 학문적 전통을 유지하고 윤리적 가치를 공유하는 데 중요한 역할을 했습니다.

퇴계 귀향길의 마지막 일정 : 노송정 권학시비

〈노송정 앞마당에 세워진 권학시비勸學詩碑〉

매년 3월부터 4월까지 진행되는 '퇴계 선생 마지막 귀향길 재현'이라는 행사가 있습니다. 얼마 전부터는 국가의 지원을 받는 공식 행사로 승격되어 그 의미를 더하고 있습니다.

이 행사는 서울 경복궁(사정전)에서 출발해 안동 도산서원에 이르기까지 13박 14일 동안 270km의 도보 여정으로, 퇴계 선생이 고향으로 돌아오는 길을 그대로 재현합니다. 특히, 이 행사의 마지막 날은 퇴계 선생이 태어나신 노송정의 권학시비 앞에 들르게 됩니다. 퇴계 선생의 학문적 가르침과 귀향의 정신을 상징하는 장소로, 이곳에서 행사를 마무리하는 순간은 참여자들에게 깊은 감동을 선사할 것입니다.

〈퇴계 선생 마지막 귀향길 재현 행사에서 노송정과 권학시에 대해 설명하고 있다〉
(2023. 4)

2. 노송정의 가계도

안동의 진성이씨는, 시조始祖 이석李碩 공의 아들 이자수李子脩 공이 고려 말 풍산 마애촌에 입향入鄕하면서 시작되었습니다. 이자수 공의 아들인 이운후李云侯 공이 마애에서 주촌으로 이거하여 현재의 '주촌 종택(두루 종가)'을 개창開創하였습니다.

이운후 공의 아들 이정李禎 공은, 4군6진 북방 정책 시에, 평안도 약산성에서 큰 공을 세우셨으며, 이정 공의 셋째 아들로 노송정 이계양 공이 태어나셨습니다. 이계양 공은 안동 도산면에 정착하며 진성이씨 온혜파 일가가 형성되고, 시간이 흘러 안동의 유서 깊은 가문으로 자리를 잡게 되었습니다.

1브. 진성이씨 노송정 종가

이계양 공의 큰아들 이식李埴은 진사, 둘째 아들 송재松齋 이우李堣는 문과에 급제하여, 호조참판, 강원도관찰사, 안동부사를 역임했습니다.

이식의 맏아들 이잠李潛은 후사가 없어 차자 이하李河의 후손이 종파를 이어받게 되었습니다. 이하의 둘째 아들 이굉李宏의 후손은 예천 백송에, 셋째 아들 이성李宬의 후손은 영해 원구리로 옮겼고, 이식의 셋째 아들 이의李漪의 후손은 예천 대죽리로 거처를 옮겼습니다. 넷째 아들 온계溫溪 이해李瀣는 문과에 올라 대사헌을 지내셨습니다.

다섯째 이징李澄은 신야정파로 분파되고, 여섯째 아들 퇴계退溪 이황李滉은 문과에 급제한 뒤 관직에 나섰으나, 벼슬보다는 학문 연구와 후진 양성을 위하여 도산서당陶山書堂을 세워 당대에 훌륭한 인재를 배출하여 성리학의 대표 학자로서 후학의 사표師表가 되었습니다.

〈진성이씨 주촌 종택, 안동시 주하동〉

〈백송파白松派 우암공 구택〉

〈영해파寧海派 영모당〉

1부. 진성이씨 노송정 종가

眞城李氏溫惠宗派世譜 卷之一

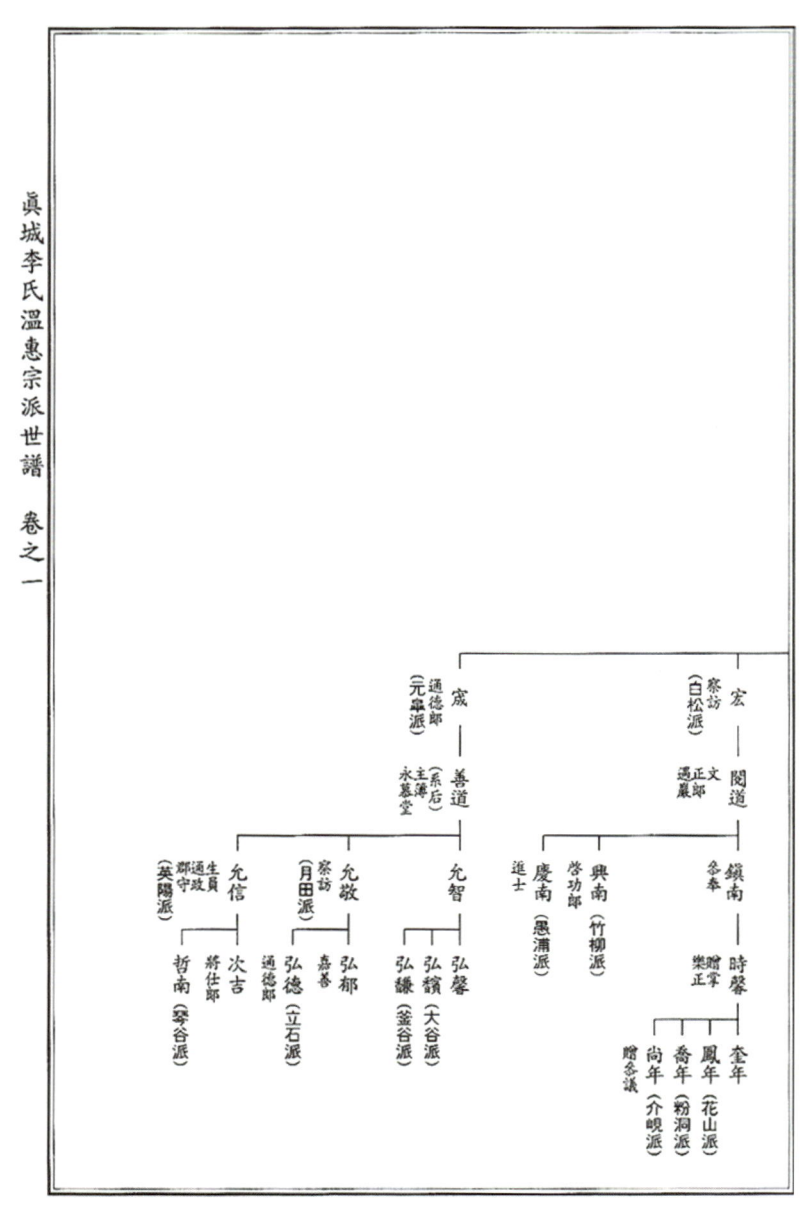

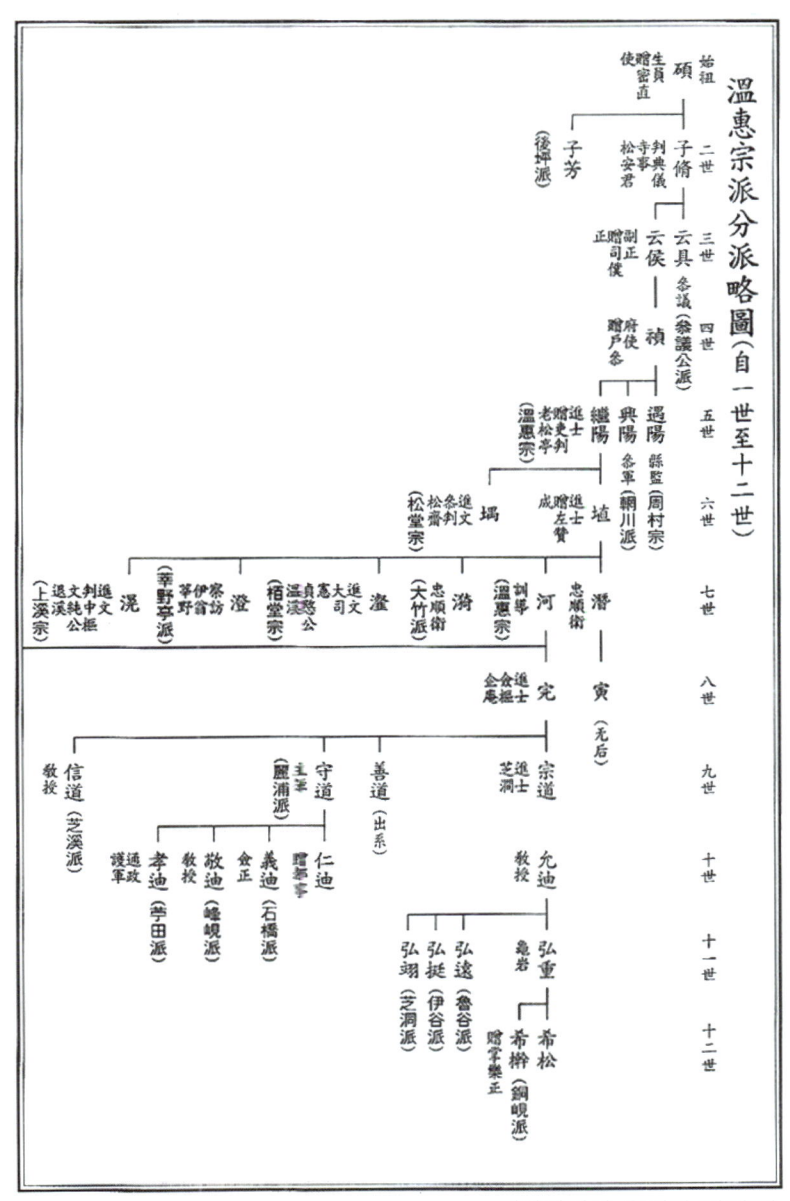

〈진성이씨 온혜파 가계도〉

3. 노송정의 유산

▎ 노송정 老松亭

　노송정은, 정면 7칸, 측면 6칸의 ㅁ자형 안채와 별도의 건물인 사랑채 '노송정', 그리고 사당채로 구성되어 있습니다. 노송정은 단순한 고택을 넘어 학문과 전통을 이어가는 공간으로, 진성이씨 온혜파 가문의 역사와 문화를 상징하는 중요한 유산입니다.

〈노송정 종가 전경〉

〈사당祠堂, 시조이신 이계양 공과 선조들의 신위가 모셔져 있다〉

〈노송정 입구, 성림문聖臨門〉

🏮 성림문 : "성인이 찾아오시는 문"

　노송정의 정문은 '성림문聖臨門'으로, 조선 중기의 문신인 학봉鶴峯 김성일金誠一 선생이 지은 이름으로 유명합니다. 이 문은 단순한 출입구 이상의 의미를 지니고 있습니다.

　춘천박씨 부인께서 퇴계를 회임懷妊하셨을 때, 성인이 제자들과 함께 대문으로 들어오는 꿈을 꾸셨다는 이야기가 전해집니다. 이 이야기에 감명을 받은 학봉 김성일 선생이 '성인이 들어온 문'이라는 뜻으로, '성림문'이라 하였으며, 태중 교육의 표상이 되고 있습니다.

遲松 李昌建 回顧錄

권학의 정신을 담은 공간

성림문을 지나면 정면에 '노송정老松亭'이라는 현판이 걸린 정자가 있습니다. 이 현판은 조선 최고의 서예가로 알려진, 명필 한석봉(韓石峯/한호韓濩)이 쓴 글씨로, 그 역사적 가치를 더합니다.

정자 안에는 세 개의 편액扁額이 걸려 있으며, 각각 '옥루무괴屋漏無愧', '해동추로(노)海東鄒魯', '산남락(낙)민山南洛閩'이라 적혀 있습니다.

〈노송정〉

옥루무괴(屋漏無愧)

다른 사람이 보지 않는 곳에서도 행동을 삼가 하늘에 부끄러움이 없도록 하라는 뜻입니다.

해동추로(海東鄒魯)

이곳이 조선의 공자와 맹자에 비견되는 성인의 고향임을 나타냅니다.

산남락민(山南洛閩)

소백산 남쪽에 있는 중국의 낙양과 민을 의미하며, 정호와 주자가 태어난 곳을 비유하여 퇴계 선생이 동방 유학의 최고봉임을 표현한 것입니다.

퇴계태실

정자를 지나 왼쪽으로 돌아가면 사랑채가 나오고, 안대문을 들어서면 '퇴계태실退溪胎室'이라 불리는 온돌방이 있습니다.

국가민속문화재로 지정된 퇴계태실은 퇴계 선생의 출생지이자, 삶과 학문의 시작을 상징하며, 오늘날에도 많은 이들에게 깊은 감동을 주는 장소입니다.

〈퇴계선생태실 정면의 모습〉

〈퇴계태실 안쪽에서 바깥쪽을 바라본 모습〉

〈노송정 큰사랑채〉

온천정사와 후손들의 공간

　큰사랑채 중앙에는 누마루와 두 칸의 온돌방으로 구성된 공간이 있으며, 마루 위에는 '온천정사溫泉精舍'라는 현판이 걸려 있습니다.

　온천정사는 안채와 분리된 공간으로서, 가학의 학문적 활동과 후손들의 교육을 위해 마련된 특별한 장소입니다.

〈큰사랑채에 걸려있는 온천정사 편액〉

이 외에도 '구암龜巖'과 '지간芝澗'이라는 편액이 걸린 방들이 있는데, 이는 후손들의 호號를 기리며 역사를 계승하는 의미를 담고 있습니다.

노송정은 단순한 옛 건축물이 아니라, 진성이씨 온혜파의 570여 년 역사를 고스란히 담고 있는 공간입니다. 퇴계 선생과 같은 학자와 인재들을 배출하며, 가문의 역사와 함께 학문의 중심지로 자리 잡았습니다. 온혜파의 후손들은 노송정을 지키며 선조들을 모시는 제사에도 진심과 정성을 다해왔습니다.

노송정은 오늘날에도 전통과 학문을 보존하고자 하는 우리 가문의 중심지로 남아 있으며, 후손들에게는 가문의 자부심과 학문적 열정을 일깨우는 중요한 유산입니다.

지간(芝澗)

9세 후손 이종도 李宗道 공의 호로, 그 정신적 유산을 이어가고자 한 노력이 반영되어 있습니다.

구암(龜巖)

11세 이홍중 李弘重 공의 호로 묘소 인근 재암에서 유래했습니다.

수곡재사樹谷齋舍, 고산재사高山齋舍

수곡재사

노송정 뒤쪽에 있는 산을 약 300m만 오르면, ㅁ자 형식의 한옥 건물이 한 채 있습니다. 그곳에는 노송정 이계양 공 내외분의 산소와 찬성공贊成公과 춘천박씨 부인, 요산공樂山公, 구암공龜巖公의 산소가 모셔져 있습니다. 이곳은 '수곡재사樹谷齋舍'라 불리며, 진성이씨 온혜파 종가의 선조분들을 모시고 제사를 지내기 위한 공간입니다.

〈수곡재사〉

〈수곡재사 회전〉

〈고산재사〉

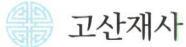 고산재사

노송정에서 약 3km 떨어진 오미에 있는 '고산재사高山齋舍'는 정경부인 의성김씨와 훈도訓導 이하 공, 충순위忠順衛 이잠李潛 공과 그의 아들 이인李寅 공, 지간芝澗 이종도李宗道 공, 그리고 교수敎授 이윤적李允迪 공의 묘소를 관리하며, 선조의 덕을 기리고 후손들에게 전통의 가치를 전하는 장소로 기능하고 있습니다.

〈고산재사 회전〉

국망봉 國望峯

노송정에서 서쪽으로 약 3km 떨어진 곳에 위치한 봉우리, 국망봉에는 단과 비석이 세워져 있습니다.

단종이 폐위되던 1453년, 조선의 역사에 큰 상처를 남긴 계유정난이 발생했습니다. 수양대군이 권력을 잡기 위해 단종을 왕위에서 물러나게 한 이 사건은, 많은 선비들에게 깊은 실망과 분노를 안겼습니다. 이계양 공께서도 이러한 부당한 조정에서 벼슬하는 것을 거부하고 낙향 은일隱逸 하였습니다.

이계양 공은 용두산 서쪽 국망봉에 단壇을 쌓아 영월을 향해 단종을 기리는 망배望拜의 장소로 사용하였습니다. 『장릉사보莊陵史補』에 의하면, 매년 단종의 기일忌日이 되면, 국망봉 단에 올라 영월 쪽을 향해 절을 올렸다는 기록이 있습니다.

영월은 단종이 유배되어 생이 마감된 지역으로, 당시 선비들에게 단종에 대한 애통함과 충심을 상징하는 장소였습니다.

〈국망봉에서 아내와 함께〉

노송정 각소各所

진성이씨眞城李氏 온혜종파溫惠宗派 가문에서 그동안 가문의 안녕과 전통 유산을 관리하기 위해 추진해온 사업 내역과 현황을 다음과 같이 기록합니다. 후대에도 선대의 유산들을 관리하고 이어감에 소홀함이 없도록 할 것입니다.

본래 진성이씨 온혜종파는 선조분들을 추모追慕하고 제사를 받들기 위해 각각의 소所를 두어 운영하며 매년 음력 12월에 수계修禊하여 결산을 해왔습니다.

여러 소所에서 중책을 맡고 계시는 분들의 노고勞苦 덕분으로 노송정 종가의 재사齋舍와 여러 행사가 잘 운영되고 있습니다.

이창경, 이경규, 이한정, 이한식, 이창섭, 이시우, 이양교, 이홍기, 이탁식, 이기석 님들께 감사의 말씀을 드립니다.

수곡제차소(樹谷祭次所)

입향조入鄕祖이신 18대 조고祖考 판서부군判書府君 이계양(諱. 繼陽) 공 내외분의 불천위不遷位 기제사忌祭祀 제수祭需를 마련하는 소所입니다. 또한 수곡樹谷에 묘소가 있는 18대조 판서부군判書府君과 17대조 찬성부군贊成府君 휘 식(諱. 埴)과 15대조 기암부군企庵府君 휘 완(諱. 完) 공과 12대조 휘 홍중(諱. 弘重) 공 각 내외분의 묘사墓祀를 받들기 위한 소所이며, 수곡재사樹谷齋舍 관리와 수호를 담당합니다.

고산소(高山所)

16대조 훈도부군訓導府君 휘 하(諱. 河) 공과 13대조 교수부군敎授府君 휘 윤적(諱. 允迪) 공 각 내외분의 묘사墓祀를 받들기 위해 설립된 소所이며, 고산재사 관리와 수호를 담당합니다.

보종소(輔宗所)

노송정 종가 관리와 수호 및 문중보종門中輔宗을 관리하고 운영하기 위해 설립된 소所입니다.

국망봉소(國望峯所)

입향조入鄕祖이신 판서부군判書府君께서 단종端宗 임금이 영월에서 승하昇遐하셨다는 소식을 듣고, 매년 기일인 음력 10월 24일에 예안의 용두산龍頭山 남쪽 기슭인 국망봉에 올라 영월을 향해 망배望拜하셨습니다.

이곳은 5대 조고이신 동추부군同樞府君 휘 만임(諱. 晩恁) 공께서 1880년 경진년에 단을 쌓고 국망봉단비國望峯壇碑를 세우신 곳으로, 국망봉계회國望峯禊會를 조직하여 운영되었습니다. 국망봉소는 이를 관리하고 운영하기 위해 설립되었습니다.

요산정계(樂山亭契)

15대조이신 요산부군樂山府君 휘 완(諱. 完) 공을 비롯한 당시의 서촌칠군자西村七君子를 추모하기 위해 고조부이신 가산부군可山府君 휘 찬화(諱. 燦和) 공과 도산·녹전陶山·祿轉의 인근 유림들이 조직한 계契입니다.

요산정소(樂山亭所)

15대조이신 요산부군樂山府君께서 창건하신 요산정이 녹전면 사신리 서촌에 있던 것을 2006년 병술년에 수곡동구樹谷洞口로 이전하고 잔여 재원으로 관리와 운영을 위해 설립한 소所입니다.

지간소(芝澗所)

1994년 갑술년, 14대조이신 지간부군芝澗府君 휘 종도(諱. 宗道) 공의 수갈고유豎碣告由를 마치고 잔여 재원으로써 관리와 운영을 위해 설립되었습니다.

경로소(敬老所)

1888년 무자년, 도산陶山 녹전祿轉 인근 지방 유림들이 경로사상 고취를 위해 설립한 소所입니다. 마을 어르신들을 위한 경로잔치를 주기적으로 개최하며, 최근(2019년 기해년)에는 수곡재사에서 경로잔치를 열었으며, 약 70여 명이 참석하였습니다.

계禊 소유의 토지 논은 녹전면 모란마을에 있으며, 이를 주민들에게 임대하여 운영하고 있습니다.

遲松 李昌建 回顧錄

삶의 고비에서 배운 것들

1. 학창 시절

　1945년은 전 세계적으로 큰 의미가 있는 해였습니다. 인류사적으로 다시는 일어나서는 안 될 비극으로 기록된 제2차 세계대전이 종결된 해이자, 동아시아 전쟁을 주도했던 일본이 패전한 해였습니다. 또한, 전체주의의 상징인 나치 독일과 일본 제국이 멸망한 해이기도 했습니다. 무엇보다도 대한민국이 일제로부터 광복을 되찾아 해방의 만세를 외쳤던 기념비적인 해였습니다.

　그해 8월 15일, 우리는 주권을 되찾고 나라의 모든 것을 새롭게 재편성하게 되었습니다. 그러나 나라 안팎은 급격한 변화의 소용돌이로 인해 혼란스러운 시기였습니다. 바로 그

다음 해에 저는 태어났습니다. 불과 5년 흐에 동족상잔同族相殘의 비극인 6·25 전쟁이 일어나기는 했지만, 우리 일가 대소가大小家들은 그 시절 많은 사람들이 그랬듯 어려운 환경을 헤쳐나가기 위해 최선을 다해야 했습니다.

그때 노승정의 중심에는 조부모님이 계셨습니다. 유림儒林에서 명망이 높으셨던 조부님은 도산서원 보수 준공식 때 유림의 대표 인사로 참석하여 박정희 대통령과 인사를 나누기도 했습니다.

〈도산서원 보스 준공식 때 박정희 대통령과 악수하시는 조부님〉

2부. 삶의 고비에서 배운 것들

〈조부모님이 증손 치헌이를 안고 있는 모습,
조부모님은 두 분 모두 증손자가 초등학교를 다닐 때까지 장수하셨다〉

당시 노송정 종가에는 저희 형제와 3촌, 4촌까지도 학교가 끝나면, 모두 대청에 모여 밥도 먹고, 숙제도 하고, 어울려 다니기도 하였습니다. 그때 가까이 지낸 덕분인지 저희 노송정 대소가들은 지금도 매년 날을 정해 모여 밥도 먹고, 옛날 얘기도 하고 그런 답니다.

⟨조부 장례식 / 길사 모습⟩

2부. 삶의 고비에서 배운 것들

〈노송정 대소가 모임, 투호 놀이를 하며 즐거운 시간을 보내고 있다〉

〈어머니 팔순 잔치 때 모습〉

  노송정에서 태어나 자란 저는, 공직公職에 계셨던 아버지 직장을 따라 본가에서 얼마 떨어지지 않은 안동 시내에서 생활했습니다. 안동사범병설중학교와 안동고등학교를 졸업하며 성장했습니다.

제가 고등학교 3학년이던 가을, 예상치 못한 큰 변이 닥치고 말았습니다. 아버지께서 뇌졸중으로 갑작스럽게 돌아가신 것입니다. 당시 평균 수명이 지금보다 짧았던 시대라고는 하지만, 40대 초반에 돌아가셨으니 지금 생각해도 너무나 일찍 우리 곁을 떠나신 것이 안타까울 따름입니다.

어느덧 여든을 바라보는 지금 나이에서 돌이켜보면, 자식으로서 결혼하고 자녀를 낳아 가정을 꾸린 모습을 부모님께 보여드리는 것은 당연한 소망이었습니다. 그러나 아버지는 그런 모습을 보지 못한 채 세상을 떠나셨습니다.

특히, 고등학교 3학년은 대학 진학과 진로를 고민하며 미래를 준비해야 할 중요한 시기였습니다. 하지만 연로하신 조부모님과 어머니, 그리고 어린 동생 다섯을 두고 제가 생각할 수 있는 선택지는 많지 않았습니다. 고민 끝에 대학 진학을 포기하여야만 했습니다.

아버지를 대신해 가족을 지켜야 한다는 책임감은 저를 성숙하게 만들었고, 그 이후의 삶의 방향을 결정짓는 계기가 되었습니다.

2. 베트남전 파병

1967년, 군에 입대하여 복무 중, 베트남 파병派兵을 지원하기로 결심했습니다.

당시 미국은 공산주의 확산을 저지한다는 명목으로 베트남을 지원하고 있었고, 한국을 포함한 여러 연합국의 군인들이 파병을 지원하던 시기였습니다.

파병 지원은 가족들에게 알리지 않은 채 진행했습니다. 그런데 훈련을 마치고 나오던 길에 우연히 삼촌을 만나게 되었고, 무심코 지원 사실을 말하고 말았습니다. 삼촌께서는 월남 파병을 한사코 말리셨고, 이내 가족들에게도 그 소식이 전해졌습니다.

〈베트남 닌호아 백마부대 사령부 건물〉

　가족들은 걱정과 반대의 마음으로 만류했지만, 저는 이미 결심을 굳힌 상태였습니다. 제 선택이 집안의 경제를 돕는 길이라 믿었기에 흔들리지 않았습니다.

　1967년부터 1969년까지, 베트남 백마부대 소속으로 닌호아 지역에서 복무했습니다. 포병대대에서 근무하며 전투 임무뿐만 아니라 베트남 주민들을 돕는 대민지원 활동에도 참여했습니다. 열악한 환경에서 의료 지원, 식량 배급, 주택과 학교 건설 등 다양한 활동을 통해 주민들의 삶을 개선하는 데 기여했습니다.

〈베트남 파병 시절 모습〉

　그렇게 1년 3개월의 복무를 무사히 마치고 귀국할 수 있었습니다. 당시 베트남 파병으로 받은 수당은 국가 재건에 큰 역할을 했고, 우리 집안의 경제 사정에도 큰 도움이 되었습니다. 복무 중 받은 돈은 한 푼도 쓰지 않고 모아, 가계 빚을 갚고, 소 한 마리를 사서 키우기 시작했습니다. 이듬해에는 그 한 마리가 두 마리가 되어, 가계에 큰 보탬이 되었습니다.

　월남에서의 복무는 개인뿐만 아니라 가족에게도 큰 전환점이 되었습니다. 그뿐만 아니라, 저는 베트남전에서의 노고를 인정받아 국가유공자라는 명예도 얻게 되었습니다.

3. 교사 시절

월남 파병을 마치고 돌아온 후, 제가 처음 선택한 직업은 초등학교 교사였습니다. 당시 대한민국은 전쟁 후 황폐한 사회를 재건하며 교육을 통해 미래를 꿈꾸는 시기였습니다. 저 역시 교육의 중요성을 절감했고, 이를 통해 사회에 기여하고자 하는 바람도 있었습니다.

초등교원양성소를 수료한 뒤, 노송정 종택 바토 옆에 있는 온혜초등학교로 첫 발령을 받았습니다. 그곳에서 7년을 근무하면서 많은 제자들을 가르쳤습니다. 제자들이 장성하여 지역의 훌륭한 일꾼으로 활동한다는 소식을 들을 때면, 당시의 근무 경험을 무척 보람되게 생각합니다.

〈온혜초등학교 교사 시절 모습〉

〈온혜초등학교 현재 모습, 노송정에서 불과 300m 떨어진 가까운 곳에 있다〉

　　1970년부터 1977년까지 온혜초등학교에서 근무하였습니다. 연로하신 조부모님과 가족들을 부양하기 위해 당시만 해도 오지였던 집에서 출퇴근이 가능한 곳으로 근무지를 선택하였습니다.

4. 대학교수 시절

집안의 사정으로 고등학교 졸업 후 대가족의 부양 책임자로서 배움의 꿈을 뒤로 미뤄둘 수밖에 없었기에, 학업에 대한 열의는 누구보다 강했습니다. 이후 진로 역시 교육 쪽에 계속 몸담고 싶다는 생각을 했었기에, 대구가톨릭대학교에서 인문학 박사 학위를 받았고, 영진전문대학교에서 교수로 봉직奉職하게 되었습니다.

1977년 개교한 영진전문대학교는 주문식 교육을 창안해 산학협력과 인재 육성 분야에서 우수한 평가를 받고 있었으며, 지금도 훌륭한 인재들을 사회로 배출하고 있는 것으로 알려져 있습니다.

2부. 삶의 고비에서 배운 것들

〈박사 학위 수여식〉

〈영진전문대학교 전경〉

〈교수 재직 시절 모습〉

영진전문대학교는 기술 교육 중심의 인재 육성을 통해 학생들이 산업 사회에서 중요한 역할을 할 수 있도록 준비시키는 데 중점을 두었습니다. 저는 인문학부 교수로서 학생들이 사회인으로 갖추어야 할 소양이 부족하지 않도록 하는 데 최선을 다하였습니다. 특히, 유학儒學의 중요한 철학인 '공恭'과 '경敬'을 가르침으로써 올바른 성인으로 성장시키고자 노력했습니다.

　　은퇴한 지 어느덧 십수 년이 되었으나, 요즘도 노송정에는 선비수련원의 교육생들이 오거나, 단체 관광객들이 와서 이런저런 교육을 요청하는 경우가 있습니다. 사정이 허락하는 한 그 요청을 받아들이곤 하는데, 교육생들을 대상으로 설명을 하다 보면 옛날 교수 시절이 떠오르곤 합니다.

〈선비수련원 교육생들에게 설명하는 모습〉

2부. 삶의 고비에서 배운 것들

5. 종손으로서의 삶

아내와 저는 1975년에 결혼했습니다. 당시에는 온혜초등학교에서 근무를 했지만, 뒤이어 직장을 대구로 옮기게 되면서 대구와 안동을 오가는 치열한 삶이 시작되었습니다.

당시 아내는 교육행정직 공무원으로 대구에서 근무하고 있었는데, 1년에 13번이나 되는 집안 제사를 모두 챙기면서도 직장인으로서의 역할 또한 충실히 이어갔습니다. 일반 가정에서는 4대 봉제사奉祭祀를 모시는데, 노송정의 경우, 불천위不遷位 제사와 일찍 돌아가신 아버지까지 6대에 걸친 제사를 지내야 했기에, 모두 13번에 이르게 되었습니다.

뿐만 아니라, 차려지는 제사상도 일반 가정의 그것과는

다릅니다. 제사 형식과 전통에 맞게 차려지는 음식의 종류도 많아 자연스럽게 음식 하나하나 제사상에 올리기 위해 정성과 손이 많이 가는 것은 말할 것도 없습니다. 특히, 불천위 제사의 경우는 모이는 자손들의 숫자부터 여타 기제사와 달라서 준비 과정이나 수고로움, 그리고 준비되는 음식의 양도 훨씬 많습니다.

〈회전 제사, 선대 조상님들은 음력 10월 초3일에 후손들이 모여 같이 제사를 지내는데, 노송정 종가는 수곡재사와 고산재사 두 군데서 회전을 지낸다〉

'불천위不遷位'라는 말은, "위패를 옮기지 않는다"라는 뜻입니다. 따라서 신주神主를 사당祠堂에 영구히 모시고 제사를 지내는 것으로 노송정 고비위考妣位를 모시는 우리 진성이씨 가문의 제사 문화에서 가장 중요한 행사라고 할 수 있습니다.

제사가 있는 날의 하루가 어떠했을지는 조금만 생각해 봐도 쉽게 가늠할 수 있을 것입니다. 제사상에 꼭 올라가야 하는 음식 중 하나인 떡만 해도 지금이야 만들어진 떡을 사서 쓸 수도 있지만, 대구에서 직장 생활을 하고 있던 아내가 아이들을 키우면서 제사를 위해 아침에 방앗간에 쌀을 맡기고 떡을 주문한 뒤 퇴근하면서 떡을 찾고, 아이를 업고 제사상을 밤늦게까지 준비했습니다. 그리고 밤 1시에 제사를 지내고 나면, 나도 아내도 녹초가 되었습니다. 그렇게 정신없을 정도로 바쁜 나날들을 보냈습니다.

〈제사 모습〉

〈떡을 괴고 있는 아내와 손자,
ㅈ 금도 떡을 괴는 일은 많은 노력과 정성이 필요하다〉

2부. 삶의 고비에서 배운 것들

遲松 李昌建 回顧錄

소중한 나의 가족

1. 나의 아내

아내는 성주 법산 영천최씨 죽헌 종택竹軒 宗宅의 셋째 딸로 태어났습니다.

종갓집에서 자란 지난 여정을 돌아보면, 친정어머니처럼 종부의 삶을 살지 않겠다고 생각했었으나, 가문끼리의 인연으로 혼담이 오갔고, 무려 3년의 시간이 흐른 후, 아내는 친정아버지의 간곡하고 애절했던 마음을 받아들여 저와의 혼사를 결정하게 되었습니다.

긍정적인 사람이 아니었다면, 설날과 추석 차례를 제외하고도 매년 13번의 기제사忌祭祀를 지내야 하는 종부의 길을 선택하기 어려웠을 것입니다.

〈집안 곳곳 아내의 손길이 닿지 않은 곳이 없다〉

    12식구를 뒷바라지하며, 시집올 때 76세였던 할아버지와 할머니를 구십 장수까지 섬기고, 오랜 병환에 계셨던 어머니까지 정성으로 보살핀 아내의 삶은 그야말로 헌신이었습니다. 여기에 6남매의 혼사를 모두 챙기고, 시동생들의 득남 때는 작명소에 가서 항렬 따라 직접 이름 짓는 일까지 도맡았습니다.

    매일같이 청소하고 관리하며, 겨울뿐 아니라 여름철에도 가끔씩 아궁이에 불을 지펴 온기를 퍼뜨리는 것 또한 아내의 몫이었습니다.

    주변의 편안함을 더 중요하게 여기는 삶을 살아온 아내

3부. 소중한 나의 가족

는, 조상 대대로 지켜온 집과 함께 살아야 한다는 신념으로 그 모든 일을 묵묵히 해냈습니다.

아내에게도 힘겨운 날들의 연속이었을 때, 한번은 장인어른을 찾아가 이렇게 하소연을 하였다고 합니다.

"아버지, 저 일하다가 죽을 것 같아요."

그런 아내에게 장인어른은 이렇게 말씀하셨습니다.

"일하다 죽은 사람은 없느니라. 네가 감당할 수 있는 만큼의 짐만 오는 법이니라."

아내는, "종부宗婦란, 특별한 사람이 아니라 보통보다 조

〈성주 법산 영천최씨 죽헌 종가의 종손이셨던 장인어른은 항상 따스한 말씀으로 우리 부부를 이끌어 주셨다〉

〈직접 만들어 손님상에 올리는 정과〉

금 더 큰 살림을 하는 사람일 뿐이며, 그 속에서 재미를 붙이며 살아가는 것이 비결이다."라고 말하곤 합니다.

   종갓집 문턱은 사람들이 많이 드나들어야 후손들이 번성한다고 했습니다. 손님을 빈 입으로 보내지 않으시는 어머니의 가르침에 따라, 아내는 제철 과일로 만든 정과正果를 차와 함께 대접하곤 합니다. 손님의 입을 다시게 하는 것은 기본이라 생각하고, 아내의 손은 쉴 날이 없습니다.

3부. 소중한 나의 가족

〈아내는 종가음식문화 전승傳承을 위해 노력하고 있다〉

遲松 李昌建 回顧錄

2. 나의 두 아들

50년 전, 잠을 자고 있던 아내는 뱀인지 용인지 분간하기 어려운 큰 동물이 호수를 가로질러 누워있는 꿈을 꾸곤 깜짝 놀라 깼다고 합니다. 태몽胎夢이었던 것 같습니다.

힘들게 큰아들을 낳고 나서도 직장 생활과 육아, 그리고 제사 준비까지 챙기느라 시간적, 경제적 여유를 누리지 못했습니다. 돌이켜보면 아내도 나도 늘 바쁘게 살다 보니 아들들을 키울 때 충분한 정성을 쏟지 못한 것 같습니다. 그렇지만 감사하게도 두 아들은 크게 아프거나 우리를 힘들게 한 적이 없었습니다.

한번은 큰아들 치헌이가 초등학교에 입학한 직후의 일입

니다. 담임선생님으로부터 우유 급식 신청서를 받아온 치헌이는, 선생님이 아이들에게 내용을 읽을 수 있는지 물었을 때, 손을 들지 못한 몇 안 되는 학생 중 한 명이었습니다. 한글을 읽을 줄 몰랐던 거지요. 68명의 아이들 중 두세 명만 손을 들지 못했다는 얘기를 전해 들었을 때, 나보다는 아내의 충격이 더 컸던 것 같습니다. 아들에 대한 미안함과 자신의 선택에 대한 자책감이 아내의 마음을 짓눌렀던 순간이었습니다.

〈치헌이, 치주 어렸을 때 성림문 앞에서〉

〈박사 학위를 취득한 치헌이〉

당시 아내는 공무원 생활을 14년 6개월 동안 해오고 있었고, 6개월만 더 채우면 장기근속상을 받을 수 있는 상황이었습니다. 하지만 아이들의 교육을 위해 과감히 퇴직을 결심하였습니다. 이후 아내는 첫째 치헌이와 둘째 치주의 학습을 직접 챙기며, 개인 교사 역할을 자임自任했습니다.

다행히 두 아들은 모두 우애 깊은 형제로 자랐고, 학업에서도 뛰어난 성과를 이루었습니다. 특히, 큰아들 치헌이는 대구과학고에 진학해 2년 만에 조기 졸업하고, 카이스트(한국과학기술원)에 입학하는 놀라운 성과를 보였습니다. 카이스트에서 계속 공부하여 재료공학 박사 학위를 취득한 뒤, 직장

3부. 소중한 나의 가족

생활을 열심히 하였습니다.

마흔이 되었을 때, 치헌이는 안정적인 직장을 떠나 동료 몇 명과 함께 회사를 설립했습니다. 처음에는 작은 시작이었지만, 매년 꾸준히 성장하여 현재 국내에서 가장 큰 드론 회사가 되어, 작년에는 코스닥 시장에 상장하는 쾌거를 이루었습니다.

〈손자 정환, 정익에게 한자 공부를 지도하는 모습〉

첫째 며느리는 치과대학에서 석·박사 과정을 마친 뒤 치과병원을 개원하고 있습니다. 바쁜 치과전문의로서의 생활을 이어가면서도 손자들을 엄격히 키워내고 있습니다. 며늘아기의 속 깊은 배려와 헌신은 가족여행이나 일상에서 자주 드러나며, 그럴 때마다 아내와 나는 깊은 흐뭇함을 느끼곤 합니다.

4살 터울로 태어난 둘째 아들 치주는, 섬세한 성격에 정이 많아 집안일들을 꼼꼼히 챙겨줘 참 고마운 아들입니다. 치주가 초등학교 때였습니다. 조부님께서 돌아가시고 9일장葬을 치르게 되었는데, 치주는 너무 어려 안동에 오지 않고, 대구

〈열심히 김장을 돕는 며느리와 손자 정환이〉

의 친구 집에서 머물며 학교를 다니게 했습니다. 그 이후 조모께서 잇따라 돌아가시며 여러 가지 어려운 상황이 있었음에도 치주는 형이랑 씩씩하게 잘 견뎌냈습니다.

치주는 연세대학교에서 건축학 박사 학위를 받고, 현재 국토연구원에서 중요한 역할을 맡아 근무하고 있습니다. 더불어 같은 직장에서 근무하던 재원인 둘째 며느리를 만나 결혼해 행복한 가정을 꾸리고 있습니다.

둘째 며느리는 공간정보공학 박사로 치주와 마찬가지로 능력 있고 성실한 전문직 인재로, 두 사람은 서로를 깊이 이해하며 함께 성장하고 있습니다.

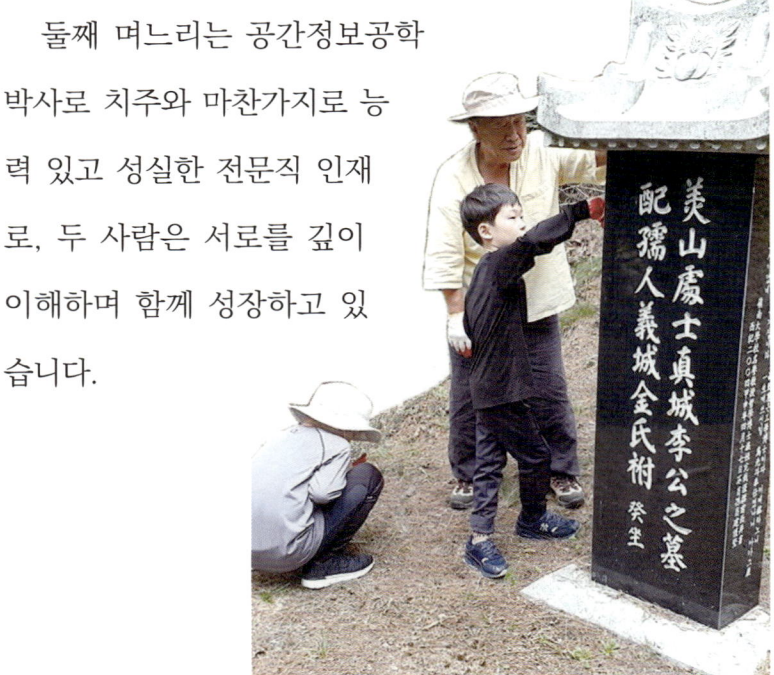

〈조부모님 비석을 읽고 있는 정익이, 손주들에게는 고조부모님이 된다〉

〈함께 모여 밭일을 하다가 수박 새참 먹는 중〉

　전통과 역사의 중심이었던 노송정의 가족이 된다는 것은 생각보다 큰 부담감을 동반할지도 모릅니다. 하지만 두 며느리는 그 무게를 기꺼이 받아들이고 맞추어가며 살아가겠다고, 이를 이겨 나가는 길을 선택해 줬습니다.

　현명하고 헌신적인 두 며느리는 우리의 전통과 유산을 보존하며, 그것을 현대와 연결하는 중요한 역할을 해오고 있습니다. 이들은 나와 아내의 노력과 헌신을 깊이 이해하고, 함께 힘을 보태며 종가의 가치를 이어나갈 것입니다. 가족의 이러한 모습은 우리에게 큰 자부심과 희망을 안겨줍니다.

▌ 며느리들에게 보내는 편지

사랑하는 며느리들에게,

너희가 보여주는 헌신과 노력은 늘 우리를 감동케 해주고 있구나.

우리 큰며느리, 치과병원을 운영하며 전문의로서 바쁜 생활 속에서도 아들들을 훌륭히 키우고, 집안의 대소사도 꼼꼼히 챙기는 모습을 보면 참 대견하고 고맙다. 종가라는 것이 어떤 곳인지 잘 모른 채 신랑만 보고 결혼했던 너였지. 벌써 20년이 훌쩍 흘렀구나. 종가의 며느리로서 책임감이 막중했을 텐데, 너는 모든 일을 책임감 있게 해결하고 추진하는 모습을 보여주었구나.

기억나는구나. 너희 내외가 신혼살림을 차린 지 몇 년 되지 않았을 때, 둘째 치주가 서울로 유학을 떠난다고 했을 때 말이다. 시동생과 신혼집을 함께 쓴다는 것이 쉬운 일이 아니었을 텐데, 너는 선뜻 허락해 줬고 7년이라는 긴 시간 동안 불평 한 마디 없이 시동생을 챙겨줬지. 네 덕분에 치주가 무사히 학업을 마칠 수 있었단다. 요즘 세대에선 상상하기 힘든 일인데, 너는 그 긴 시간을 우직하게 해내줬구나.

〈유럽 여행, 로마 콜로세움〉

　　유럽 여행 때도 그랬지. 우리 내외가 독일의 처제댁에 들르기 위해 2~3일 먼저 출발하겠다고 했을 때, 초행에 장거리 비행이라며 걱정된다고 치헌이를 먼저 보내 우리와 동행시켜 불편함이 없도록 해주었지. 너는 3일 뒤에 병원 근무를 마치고 혼자서 두 아들을 데리고 와 로마에서 만났던 것은 지금 생각해도 대단했던 것 같단다.

　　재작년, 우리 동기 6남매 12식구들이 제주도 여행을 가기로 했을 때도 당일까지 병원 근무를 하고 밤 비행기로 내려와 우리들을 챙겨주던 모습이 기억난다. 너의 따뜻한 배려와 헌신은 우리 가족을 하나로 묶는 큰 힘이 되었단다.

항상 가족을 먼저 생각하고 살뜰히 챙기는 네 모습에서 노송정 19대 종부로서의 훌륭한 자질을 갖추었음을 자랑스럽게 여긴단다.

둘째 며느리도 마찬가지로 고맙구나. 치주와 함께 행복한 가정을 꾸리며 전문직 인재로서 네가 보여주는 모습이 참 자랑스럽다. 결혼한 지 얼마 안 되어 여러 가지로 어색할 텐데, 집안 행사에 열심히 참여하느라 고생이 많구나. 특히, 올해 김장 때 팔 걷어붙이고 속을 무치는 모습을 보니 참으로 대견했단다. 아직은 서로 알아가는 단계이겠지만 서로 잘 맞추어 행복하게 지내자꾸나.

너희 두 며느리 덕분에 치헌이네도, 치주네도 박사 부부가 되어, 우리 집에 다섯 명

〈아들, 손주와 함께 제사 모시는 모습〉

〈손주들과 함께 사당을 청소하는 모습〉

의 박사가 있다는 것은 부모로서 큰 자랑거리란다. 종가의 가족으로서 너희가 느낄 책임감이 크겠지만, 그 무게를 잘 견뎌주고 있어 정말 고맙다.

우리가 이어온 길을 이해하고 함께 걸어가는 너희 덕분에 우리 집안은 더욱 단단해지고 있음이 느껴진단다. 너희의 따뜻한 마음과 헌신이 우리 모두에게 큰 힘이 되고 있음을 잊지 말아 주렴. 항상 고맙고, 사랑한다.

2025년 정월, 시아버지가.

〈강정을 만들고 있는 첫째 며느리〉

첫째 며느리가 시아버지께 드리는 답신

존경하는 아버님께,

아버님의 마음과 응원에 늘 감사드립니다. 편지를 읽으며 제 삶의 여러 순간들이 떠올라 가슴이 벅찼습니다. 아버님께서 저를 대견하게 생각해 주신다는 말씀에 저도 모르게 울컥했습니다. 사실 종가의 큰며느리로 살아가는 일은 결코 쉽지 않은 일이었습니다. 하지만 아버님과 어머님, 그리고 남편의 든든한 믿음과 지지 덕분에 여기까지 올 수 있었습니다.

제게 있어 가장 존경스러운 분들은 바로 아버님과 어머님이십니다. 긴 세월 동안 종가의 중심을 잡아주시고, 자식들과 손자들까지 돌보시느라 얼마나 고생이 많으셨을까요. 제가 했던 일들은 아버님과 어머님께서 이어오신 큰 전통과 책임에 비하면 정말 작은 역할일 뿐입니다. 오히려 제가 더 많이 배우고 의지하며 이 자리에 설 수 있었습니다. 아버님과 어

〈박사학위 받는 날 어머님과 함께, 결혼하고 정환이를 키우며 학위하는 과정이 쉽지는 않았습니다〉

머님의 헌신이 없었다면 지금의 저희 가정도 없었을 것이라 생각합니다.

말씀하신 도련님이 학위 기간 중에 저희 집에 머물렀던 건 형수로서, 그리고 조금 일찍 박사 과정을 거치면서, 그 단계가 얼마나 힘들지 알기에 도련님이 학업에 전념할 수 있도록 도와야 한다는 마음이 컸습니다. 그래도 그 덕에 도련님이 항상 형수인 저를 존중하고 배려하며, 따뜻하게 대해준답니다. 지금도 살뜰히 챙기는 도련님의 마음씨에 늘 감사한 마음을 가지고 있습니다.

유럽 여행과 제주도 여행은 저랑 애들에게도 좋은 추억이 었습니다. 준비에 부족한 것이 많았지만, 가족 모두가 즐겁게 함께했던 순간들이라 더욱 소중하게 느껴집니다.

김장 이야기를 하셨을 때는, 아버님, 어머님께서 김장 준비를 미리 다 해놓으셔서 저희는 마무리 밖에 안 한 것 같아 죄송한 마음이 앞섰습니다. 병원 일을 마친 뒤 늦게 합류해도 아버님께서, "너희 덕분에 걱정을 덜었다."라고 말씀해 주셔서 큰 힘이 되었답니다. 사실 김장은 힘든 일이긴 한데, 그래도 일 년에 한 번 가족이 다 함께 한다는 생각에 의미 있는 행사라고 생각합니다.

아버님께서 항상 저희를 믿고 응원해 주시는 그 마음 덕분에 저희 부부는 더 나은 미래를 꿈꾸고 이 가정을 지켜나갈 수 있었습니다. 종가라는 큰 가문의 며느

리로서 제가 부족한 점이 많겠지만, 아버님과 어머님께서 이어온 전통과 가치를 소중히 여기며 저희도 최선을 다하겠습니다.

아버님께서 저희를 자랑스럽게 생각해 주신다는 말씀은 며느리로서 그 어떤 칭찬보다도 값지고 소중하게 느껴집니다. 늘 저희를 따뜻하게 품어 주시고, 믿어 주셔서 정말 감사합니다. 아버님과 어머님의 건강과 행복을 위해 저희도 열심히 보답하며 살아가겠습니다.

항상 건강하시고, 저희를 지켜봐 주세요.

사랑과 존경을 담아
큰며느리 드림.

〈손주들과 함께 김장하는 모습〉

3부. 소중한 나의 가족

둘째 며느리가 시아버지께 드리는 답신

아버님, 둘째 며느리입니다.

지난해 남편을 만나 부부의 인연을 맺은 지 어느덧 1년이 지났습니다. 서로 많이 다른 환경과 성장과정 속에서 살아왔지만, 이제는 같은 길을 걸으며 서로를 이해하고 존중하는 부부로서 적응해 가고 있습니다.

저는 부모님 슬하에 1남 1녀 중 장녀로 태어나 부모님과 함께 쭉 살아오며 가정의 따뜻함과 가족 간의 소중함을 배웠습니다. 부모님께서는 늘 성실함과 배려를 강조하셨고, 이를 통해 저도 남을 이해하고 돕는 마음가짐을 가지게 되었습니다. 부모님은 여전히 저희 가족의 중심이 되어 주시고, 결혼 후에는 가족이 지니는 소중함을 더욱 깊이 느끼고 있습니다.

저는 책임감과 성실함을 삶의 중요한 가치로 삼고 있으며, 소소한 일상 속에서도 감사의 마음을 잊지 않으려 노력하고 있습니다. 또한 긍정적인 마음가짐으로 어려움

〈치주 결혼식, 사랑으로 가득한 가정 이루길〉

속에서도 새로운 기회를 찾고, 주변 사람들에게 좋은 영향을 주기 위해 늘 노력하고 있습니다. 지금은 남편과 함께 더 행복한 가정을 만들어 가는 데 집중하고 있으며, 앞으로 아버님, 어머님과도 더 많이 소통하며 가까워지고 싶습니다.

아버님, 어머님께서 가족과 주변 사람들에게 늘 세심한 배려와 따뜻한 마음으로 대하시는 모습, 그리고 집안의 큰 행사나 중요한 결정들을 깔끔하고 지혜롭게 이끌어 가시는 모습에서 많은 것을 배우고 있습니다. 특히, 가족 간의 유대

3부. 소중한 나의 가족

와 화합을 중요하게 여기시는 태도는 제가 앞으로 저희 가정을 꾸려 가며 본받고 싶은 부분입니다. 이러한 점들을 가까이에서 배우고 체득할 수 있는 기회가 주어진 것을 큰 축복이라 생각합니다. 부족한 점도 많겠지만, 따뜻한 시선으로 저를 지켜봐 주시고 응원해 주시면 감사하겠습니다.

언제나 건강하시고 평안하시기를 기원합니다.

둘째 며느리
경아 드림.

둘째 아들 치주가 아버지께 드리는 답신

아버지, 둘째 아들 치주예요.

제가 초등학교 다닐 때, 작은 언덕길을 아버지가 걷고 있었어요. 어린 마음에 아버지에게 업어달라고 했었고, 아버지는 다 큰 아이 업으면 어디 아픈 걸로 안다고 안 된다고 했었죠. 그래도 계속 업어달라고 졸라서 아버지가 잠시 업어주셨어요. 업혀서 가는 길에 아버지 숨이 가파지는 것이 느껴졌어요. 그때, '아버지도 사람이구나.'라는 것을 느꼈어요. 저는 그때까지 아버지는 아프지도 않고 항상 큰 사람으로 생각하고 있었나 봐요. 그래서 그 기억이 아직도 생생하게 남아 있습니다. 그때 아버지 연세가 45세이셨어요. 제가 올해 만으로 45세입니다. 전 아직 많이 어리고 철도 없는데 아버지는 그 젊은 나이에 가정을 건사함은 물론이고, 대구와 안동을 오가면서 우리 집안 전체를 건사하고 계셨어요. 시간이 지날수록 아버지의 삶이 대단하다고 느낍니다.

제 인생에서 또 다른 아버지의 거대함은, 군 생활이었어요. 2000년 1월 18일에 강원도 102보충대에 입대하고, 7사단에서 신병교육을 받을 때였어요. 저는 46번 훈련병이었어요. 제 이름은 불리지 않는 기간이었어요. 훈련병 모두 동일하게 머리를 짧게 자르고, 훈련복을 입혀놓으니 저는 정말 눈에 띄지 않는, 아무도 한 번 더 쳐다봐 주지 않는 사람이라는 것을 느끼는 기간이었어요. 그러다 3주 차에 훈련을 마치고 소대에 복귀하는데, "46번 훈련병, 중대장실로 올 것."이라는 명령을 받았어요. 왜 갑자기 부르는지 몰랐지만, 무엇인가 조금은 특별한 존재가 된 기분이 들었어요. 중대장실에 가보니, 아버지 지인이 중대장에게 잘 부탁한다는 연락을 한 이유라는 것을 알게 되었어요. 그때 느꼈어요. '아! 나를 특별한 존재로 봐주는 것도 부모님이고, 나를 특별한 존재가 되도록 신경을 써주는 것도 부모님이구나.' 제가 아버지, 어머니에게 받은 사랑을 모두 갚진 못하겠지만, 항상 부모님을 생각하며 은혜를 갚을 수 있도록 노력하며 살겠습니다.

지금 돌이켜보니 참으로 감사한 일들의 연속인 것 같아요. 이렇게 따뜻한 가정에서 태어난 것도, 뿌리 깊은 노송정 종가에서 태어난 것도, 경제적 상황이나 다른 걱정을 하지 않고 대학원 진학을 결정할 수 있었던 것도, 학위를 받고 결혼이 늦을 때도 저만 생각하면 된 것도, 무엇보다 아직 철이 안 들어서 부모님이 걱정하더라도 건강히 계셔주셔서 감사합니다.

늦은 나이에 졸혼해 가정을 꾸렸습니다. 아직 제가 많이 성숙하지 못하구나를 느끼면서, 하루하루 조금 더 성숙할 수 있도록 노력하면서 살고 있어요. 아버지 어머니도 매일 건강하게 제가 성장하는 것을 지켜봐 주세요.

사랑하고 존경하는 부모님, 항상 건강하세요.

둘째 아들 치주가.

遲松 李昌建 回顧錄

전통을 이어가다

1. 문중을 위하여 추진한 일

▎노송정 종택 개·보수

　1454년은 진성이씨眞城李氏 가문家門 모두에게 기념비적인 해입니다. 노송정이 지어짐과 동시에 진성이씨의 570여 년 유구悠久한 역사가 시작된 해이기 때문입니다. 600년 가까운 세월 동안 가문의 중심지로서 굳건히 자리를 지켜온 노송정은 그 자체로 역사의 산증인이었습니다. 하지만 "세월 앞에 장사가 없다."라는 말처럼, 노송정 역시 시간의 흐름을 피할 수는 없었습니다.

　오랜 시간 가문을 지켜온 건축물임에도 불구하고, 단단

〈보수 전 노송정, 낡은 기와와 와송까지 자라 비가 오는 날이면 여기저기 비가 스며들었다〉

했던 서까래는 썩어갔고, 기와는 언제부턴가 낡아 비가 새기 시작했습니다. 심지어 곳곳의 흙벽이 떨어지는 모습도 목격되었습니다. 우리 부부만 산다면 이러한 불편쯤은 감수할 수 있는 문제였습니다만, 오랜 역사를 품은 이 유산遺産을 그대로 방치할 경우 후대後代로 이어지기는 어려운 상태였습니다.

그리하여 1990년대 중반부터 우리는 대대적인 보수공사를 시작했습니다. 단순한 수리의 차원을 넘어 노송정이 후대에 이어질 수 있도록 하는 청사진을 그리며 공사를 진행해 나갔습니다. 4동으로 구성된 고택의 모든 문제를 하나하나 점검하며 보수를 진행해야 했기에, 공사 기간은 수년이 소요되었습니다. 전부를 한꺼번에 보수할 수 없어 한 동씩 공사

4부. 전통을 이어가다

〈노송정 개·보수 당시, 매일 먼지를 닦아도 쌓이고 또 쌓였다〉

를 마무리하며 진행해야 했고, 그 과정에서 우리 부부는 여러 공간을 옮겨 다니며 생활해야 했습니다.

　공사 기간 동안 노송정은 그야말로 분주했습니다. 마루와 대청 곳곳에는 공사 자재들이 쌓였고, 작업자들의 발걸음 소리와 기계음이 끊이지 않았습니다. 천막을 치고, 이불과 세간살이들을 보호하며 지내야 했던 시간은 결코 쉽지 않았지만, 그 모든 과정이 노송정을 새롭게 보존하는 여정이라 생각하며 버텼습니다.

〈갈끔히 보수된 노송정〉

4부. 전통을 이어가다

본채의 보수가 끝난 후 성림문聖臨門 대문채의 공사를 시작했을 때, 예상치 못한 어려움이 찾아왔습니다. 기와를 교체하던 중 서까래와 대들보가 틀어진 것을 발견한 것입니다. 추가적인 보수가 불가피했지만, 다행히 안동시의 지원을 받아 공사를 무사히 마무리할 수 있었습니다. 이로써 노송정은 더욱 튼튼하고 아름다운 모습으로 새로 태어났습니다. 이 과정을 통해 가문의 종손으로서 큰 숙제를 해결한 듯한 뿌듯함을 느낄 수 있었습니다.

성림문 공사를 진행하면서는 또 다른 고민이 떠올랐습니다. 좁은 진입로와 협소한 주차장이 문제였습니다. 큰 도로에서 노송정으로 들어오는 길은 방문객들이 접근하기에 불편함이 많았습니다. 특히, 주차장이 협소해 방문객 주차에 불편을 겪는 일이 잦았습니다. 이에 저는 개인 자금으로 노송정 앞의 땅을 매입하여 주차장을 확장하기로 결정했습니다. 확장 공사 이후, 방문객들의 접근성이 크게 향상되었고, 이를 계기로 노송정을 찾는 사람들의 발걸음이 눈에 띄게 늘어났습니다.

〈공사 전, 노송정 앞 주차장 모습〉

〈공사 후, 주차장 모습〉

4부. 전통을 이어가다

특히, 2017년 영화 〈부라더〉에서 노송정이 배경으로 등장하고, tvN 예능 프로그램 〈알쓸신잡2(알아두면 쓸데없는 신비한 잡학사전)〉에 소개되면서 관광객들의 수가 급격히 증가했습니다. 그로 인해 방문객들에게 노송정과 퇴계태실退溪胎室의 역사를 소개하며 바쁜 나날을 보내게 되었지만, 많은 이들이 우리의 전통과 역사를 알게 되었다는 보람은 이루 말할 수 없었습니다.

〈노송정을 찾은 외국인 방문객〉

4부. 전통을 이어가다

〈조부모님 산소〉

산소 정비 사업

　매년 노송정을 찾는 사람들은 연령도 목적도 다양합니다. 자녀를 데리고 안동의 유서由緒 깊은 민속문화재를 관람하려는 가족도 있고, 영화나 방송 매체를 통해 노송정을 접하고 방문하는 사람들도 많습니다. 그뿐만 아니라, 주역周易이나 풍수지리風水地理를 연구하며 배운 이들이 좋은 기운을 확인하기 위해 찾는 경우도 종종 있습니다.

산소는 햇빛이 잘 들고 바람도 잘 통하는 명당明堂에 위치해야 후손들에게 좋은 기운이 전해진다는 것은 널리 알려진 사실입니다. 노송정이 선조 이계양 공께서 한 스님으로부터 터를 점지 받았다는 일화는 이러한 맥락에서 더욱 주목을 받습니다. 명당에 흐르는 좋은 기운을 확인하려는 전문가들이 노송정을 방문한 후, "노송정에는 보통 명당이 가진 한 줄기의 기운이 아니라 일곱 줄기의 기운이 흐른다."라고 전하기도 했습니다. 그 소문이 전국적으로 퍼져, 수십 명씩 단체로 방문하는 경우도 많았습니다. 이러한 이유로 노송정 보수 공사뿐만 아니라, 산소 정비에도 더욱 정성을 쏟게 되었습니다.

산소 정비 사업은 1990년대부터 2000년대 초반까지 약 10여 년에 걸쳐 이루어졌습니다. 18대에 걸친 선대 묘소를 합치면 그 숫자가 상당하다는 것을 쉽게 짐작할 수 있습니다. 수곡재사樹谷齋舍와 고산재사高山齋舍를 통해 큰 산소들은 대부분 정비를 마쳤지만, 흩어진 묘소를 하나하나 정비하는 데는 오랜 시간이 걸렸습니다.

산소 정비는 윗대 선조 묘소부터 차례로 진행하는 것이 예법에 맞았습니다. 돌아가신 아버지의 묘소에 상석과 비석을 먼저 세워 드리고 싶었지만, 윗대 선조 어르신들께 송구스러워 그렇게 할 수는 없었습니다. 따라서 14대 이李 종宗자 도道자 선조의 묘비부터 세워드렸습니다. 그 이후 매년 경제적 여건이 마련될 때마다 후대 선조들의 묘소를 차례로 정비했습니다. 이렇게 약 10여 년에 걸친 사업은 2000년대 초반에 이르러 아버지의 묘비까지 완성되면서 성공적으로 마무리되었습니다.

산소 정비는 선대의 숨결을 이어가고 후손들에게 가문의 뿌리를 기억하게 하는 소중한 일이었습니다. 산소 정비 사업을 마무리하며 노송정의 역사가 더욱 단단히 이어질 수 있음을 확인하며 깊은 안도감을 느낄 수 있었습니다.

〈안동시 문화유산 제59호, 요산정〉

▍요산정 이건移建

　종택 옆에는, 단단하게 뿌리를 내리고 자라난 아름다운 소나무를 뒤로하고 수곡 입구에 자리한 정자가 하나 있습니다. 안동시 문화유산 제59호로 지정되어 있는 '요산정樂山亭'입니다. 이는 15대 선조이신 요산樂山 이완李完 공께서 지으신 정자로, 원래 녹전면 사신리 서촌에 위치해 있던 것을, 2006년에 노송정 터로 옆으로 이전하였습니다.

원래 요산정이 자리하고 있던 터에는 유허비가 세워졌습니다. '유허비遺墟碑'란, 선현의 자취가 있던 곳을 기리기 위해 세워진 비석을 말하며, 주로 선현의 공적을 적어 후세에 알리고 추모하는 목적을 갖습니다. 요산정 유허비에는 생전에 이완 공께서 아들인 이종도李宗道에게 보낸 편지 내용을 바탕으로 한 가르침이 새겨져 있습니다. 유허비의 비문碑文은 이창경李昌京 씨가 짓고, 이근필李根必 씨는 비석 앞면에 글씨를 썼으며, 이경규李慶奎 씨가 비석 뒷면 글씨를 썼습니다.

진성이씨 가문의 중요한 유산인 만큼, 요산정을 노송정과 함께 지속적으로 관리하고 보존하기 위해 이전하기로 결정했습니다. 경상북도 예산과 문중의 지원을 받아 진행된 이전 사업은 순조롭게 진행되었으며, 이전 공사가 이루어지는 동안 지역 주민들로부터 따뜻한 환대를 받았던 기억이 생생합니다.

요산정은 가문의 유산일 뿐만 아니라, 역사적 가치로도 매우 중요한 자산입니다. 그러나 오랫동안 적절히 관리되지 못한 채 방치되다시피 했습니다. 그런 요산정을 이전하고 체계적으로 관리하기로 한 것은 지역민들로서도 환영할 만한 일이기도 했습니다.

수곡재사 중건重建

　퇴계 선생 당시 창건된 수곡재사樹谷齋舍는 약 460여 년의 세월 동안 여러 차례 보수를 거쳤으나, 워낙 낡고 오래되어 유지 관리가 매우 어려운 상황에 이르렀습니다. 건물의 구조적 문제와 외관의 손상은 단순한 보수로는 해결할 수 없었으며, 이로 인해 전면적인 중건이 절실히 필요했습니다.

　문화재청과 경상북도의 지원을 이끌어내기 위해 재사齋舍의 문화적, 역사적 가치를 입증하며, 수차례에 걸쳐 자료를 제출하고, 면담을 진행했습니다. 수년 동안 재사가 가진 역사적 중요성과 유산으로서의 가치를 끊임없이 설득한 끝에

〈수곡재사 공사 모습, 2016년〉

성과를 거둘 수 있었습니다.

    수곡재사의 중건은 전통 건축 기법을 활용하여 구 건물의 문화재적 가치를 최대한 보존하며 진행되었습니다. 2016년 8월 11일, 음력 7월 초 9일에 상량식上樑式을 거행하며, 중건의 시작을 알렸습니다. 상량식은 재건축의 중요한 의식으로, 당시 종중의 모든 구성원이 한마음으로 참여하여 재사의 수리가 마무리됨을 축하했습니다. 약 한 달 뒤 모든 공사가 마무리되었고, 새로운 모습의 수곡재사가 완성되었습니다.

〈수곡재암 편액〉

〈수곡재사樹谷齋舍 중건重建 상량문上樑文〉

수곡재사 중건 상량문

수곡재사를 중건할 제 들보를 올리는 글

좋은 곳 이름난 구역은 반드시 대인의 고반考槃의 아름다운 발자취가 있고,

높은 산줄기 명혈은 문득 군자의 무덤을 이룬 언덕이 있도다.

그 덕을 닦았기에 광은 명당을 차지하여서 혼백은 어려움이 없이 편안하고,

이 인仁을 행하였기에 하늘은 먼 복을 드리워서 자손은 빛남이 있어서 번창하도다.

공손히 생각건대, 우리 선조 노송정 부군은 시조 할아버님의 현손이시고, 대현(퇴계 선생)의 할아버님이시다.

평상시 거하심에는 효도와 우애, 지극한 정성의 행실이 있었고, 변고에 처하여서는 편안하고 고요하게 숨어서 검약을 지키는 절조가 있으셨다.

일찍이 진사시에 올라서도 오히려 고을의 훈도관직조차 혐의로워 하였으니.

곧 온혜마을에 물러나시어 은거할 집안 계책을 합당하게 하셨으니 신인神人이 인도 때의 의가 그러하였고,

단을 쌓아 영월 단종이 계신 곳을 향하여 배례하였으니, 절개는 하늘 높으셨네.

풍속을 가다듬고 완악한 이를 청렴하게 하였으니, 행동은 당세의 생육신生六臣의 자취 같았고, 적의 백이숙제伯夷叔齊의 풍도 같았네.

옥루무괴屋漏無愧의 가르침은 이미 힘써서 널리 배우는 그 처음에 경험하였고,

한창청몽寒窓淸夢의 시는 정녕코 크게 그 후손들을 열어주기를 기대함이었소.

선조 찬성부군은 노송정 할아버님의 훌륭한 아드님이었고, 퇴도부자退陶夫子의 훌륭한 아버님이셨네.

아우님과 더불어 우애가 돈독하였으니, 정의는 사마광司馬光의 한 집안 같았고,

여섯 아드님이 아울러 명망이 있었으니, 칭송하기는 순숙荀淑의 여덟 용 같았네.

온계 선생께서 간신을 탄핵하였음은 조정 사헌부의 이름난 관장官長이었고,

퇴계 선생께서 도학을 집대성하시었음은 천년 유림에 종장宗匠이셨네.

조정은 일품 벼슬의 품계를 증직하셨고,

유림은 제향을 함어 원사의 주벽主壁으로 모셨네.

종선조 송재 선생은 노송정 할아버님의 훌륭한 아드님이시고, 중종대왕의 이름난 신하로다.

처음으로 과거와 벼슬에 올라서 우리 집안의 문호를 높이 일으켰고, 임금님을 사로 추대하여 정국공신에 책록 되셨다.

내직으로는 참판에 배하여 경륜이 탁월하였고, 외직으로는 관찰사에 제수되어 정치가 청평하였소.

갸륵하고도 위대할 사 삼 부자분의 아름다운 자취는 모든 후손들의 흉금에 감명을 받게 하였도다.

오직 이 수극재암은 골짜기 이름을 취하여 묘소를 수호하기 위함이고,

선조를 사모하는 마음을 붙여 재숙齋宿을 주선하기 위함이네.

당초에 건립이 1553년이었으니, 신야莘野, 퇴계 두 분 선생이 주창하였고,

그 뒤에 중신重新이 숙종肅宗 시대였으니, 반초당反招堂 공이 홀로 자진하여 주선하였네.

4부. 전통을 이어가다

묘갈명墓碣銘은 이미 명문이었고, 재암齋菴의 글은 퇴계 선생의 신필이도다.

지난 옛적에 여러 차례 보수한 것은 어느 시대인지 알지 못하나, 근래에 와서 한 번 새로 중건한 것은 1965년이라고 들보에 쓰여있네.

일은 벅차고 힘은 미약하여서 오히려 재목과 기와가 든든하지 못함을 한스러워 하였고,

바람에 깎이고 비에 씻겨서 더욱 무너져 내림이 점점 심해지는 것이 두려웠네.

이에 우리 종손 창건이 지성스럽게 유관기관을 설득하였다.

드디어 관청의 지원으로 2016년 3월 중순에 공사를 시작하여, 같은 해 7월 9일에 들보를 올리게 되었네.

칸 살의 규모와 주춧돌의 위치는 변경함이 없이 예전 그대로 하였고,

기둥과 들보, 서까래와 기와의 품질은 대체함이 있어서 새로 고치었네.

중남면을 오가삼간五架三間을 열어서 마루를 하고, 동서쪽에 있는 상방을 하여 제사를 받들기에 알맞게 하였고, 동서남쪽을 빙 둘러서 2칸, 4칸, 3칸을 방을 하고, 부엌을 하여서 재

계하고 잠자는 데 편리하도록 하였네.

선조는 덕을 드리워서 이같이 다시 크고 아름다움을 이루었고, 후손들은 정성을 쌓아서 이같이 넉넉한 은택을 입었네.

연기와 구름이 맑고 시원하여 제비와 꿩, 새와 짐승이 상서를 이루고,

바람과 달이 밝고 아름다워서 나무와 풀, 개울과 산이 채색을 드리우네.

드디어 눈앞에 우뚝함을 보게 되었는지라, 하여금 마음속의 경영을 펴게 되었도다.

진실로 아름답고, 진실로 완전하니 이는 천신의 감응에서 나왔고,

비로소 기뻐하고 비로소 웃으니 실로 화수의 단란함에 말미암았네.

이에 짧은 송을 베풀어서 긴 대들보 들어 올림을 돕는다.

아랑의 허수아비 들보의 동쪽에 던지니, 기이한 바위와 절벽이 용이 춤추는 것 같은데, 청량산의 아침 해가 창문에 비치어 붉네. 신령한 기운 많이 모여서 이 가운데로 뻗치네.

아랑의 허수아비 들보의 남쪽에 던지니, 퇴계 선생이 당년에 이름 지은 뒤에 가애봉 빛이 푸르기가 쪽잎 같네. 지금까지

4부. 전통을 이어가다

야인들의 이야기를 전하여 외우네.

아랑의 허수아비 들보의 서쪽에 던지니, 단을 쌓아서 영월을 향하여 배례한 아름다운 발자취 남기신, 국망봉 높아서 하늘과 같이 가지런하네. 선조의 우뚝한 충성을 칭송하여 이름 지어서 씻음이로다.

아랑의 허수아비 들보의 북쪽에 던지니, 용맥이 십 리를 뻗어 내려서 자리한 곳에서 선조께서 깊이 잠드실 명혈을 얻었도다.

아랑의 허수아비 들보의 위에 던지니, 내리비추어 밝고 밝아 호연지기가 생기니 해와 달과 별들이 삼라만상 펼치네. 우러러 보아 부끄럽지 않으니 심신이 상쾌하도다.

아랑의 허수아비 아래에 던지니, 대대로 살아온 자손들이 집성촌을 이루어서, 쌍계의 활발한 물 줄줄 흘러 쏟아지네. 기쁜 이야기 소리 복사꽃 오얏꽃들에 시끄럽네.

엎드려 원하옵건대 들보를 올린 뒤에 하늘의 비추어 살핌은 상서를 드리우고, 땅의 신령함은 경사를 길러주소서.

들보와 기둥 서까래와 기와는 길이 빛나고 아름다움을 보전하게 하여 주시고,

주춧돌과 뜰과 담장 층계는 길이 튼튼하고 완전함을 보존케

하여 주소서.

서리 내리고, 이슬 내리는데 감회가 유연히 스스로 생겨나고, 조상을 공경하고 친척을 돈목히 하는 마음은 숙연하게 더욱 돈독할지로다.

해마다 해마다 제사 지내기를 능히 선생의 예법을 체험하여 폐하지 말고,

때때로 성묘하고 벌초하면서 항상 후손들의 정성을 생각해서 잊지 말 것이로다.

아! 천년만년에 그 아름다운 법도를 끼칠지로다.

2016년 8월 11일

노송정 선조의 18대손 창경은 삼가 짓고 아울러 글씨 쓰다.

국가문화재 지정

　1454년에 건립된 노송정 종가는 그 역사적, 문화적 중요성을 인정받아, 1985년 도지정 문화재 제60호로 지정된 바 있습니다. 그러나 그로부터 33년이 지난 후, 노송정은 한 단계 더 나아가 2018년 11월, 국가민속문화재 제295호로 승격되었습니다. 이는 단순히 문화재의 지위를 넘어, 노송정이 대한민국의 역사와 전통을 보존하는 데 얼마나 중요한 역할을 했는지를 국가적으로 인정받은 결과였습니다.

　노송정은 건립 이후 지난 570여 년 동안 임진왜란, 병자호란, 일제강점기, 그리고 6·25 전쟁 등 수많은 역사적 격변을 겪으면서도 단 한 번도 집을 비운 적이 없었습니다. 18대를 이어온 종손들이 종택을 지키며 전통을 계승하고 문중의 중심지로 유지해 온 점은 노송정을 단순한 건축물 이상의 존재로 만들어 주었습니다. 이는 단순한 가문의 자산이 아닌, 대한민국의 문화와 전통을 증명하는 살아있는 유산임을 보여줍니다.

　2010년대 중반, 우리는 노송정의 국가문화재 승격을 위해 본격적으로 여러 유관 기관들을 대상으로 설득 작업을 시작했습니다. 국가문화재로 지정되기 위해서는 단순한 건축적 아름다움이나 나이만으로는 부족했습니다. 우리는 노송정의 역사적, 문화적 가치와 함께, 한국의 전통 가문이 전쟁과 혼란 속에서도 종가의 역할을 유지하며 국가와 지역사회에 공헌한 사례를 강조했습니다.

각 관청과의 면담에서 우리는 노송정이 단순히 오래된 건물이 아니라, 조선시대부터 현대까지 이어진 한국의 역사와 정신을 상징하는 장소임을 피력했습니다. 노송정이 과거 선조들의 학문적, 사회적 활동의 중심지로 기능했으며, 이를

〈노송정 국가문화재 승격 기념가〉

통해 지역사회와 국가에 기여해 온 기록들을 자료로 제시하며 설득에 임했습니다. 문화재청의 전문가들과 함께 노송정을 분석하고, 건축적, 문화적 중요성을 구체적으로 논의하며, 노송정이 국가문화재로 지정될 충분한 이유가 있음을 확인시켰습니다.

그 결과, 2018년 11월, 노송정은 드디어 국가문화재로 승격昇格되었습니다. 이는 우리 가문뿐만 아니라, 대한민국 전체의 전통과 역사를 계승하는 데 있어 중요한 이정표로 남게 되었습니다.

이 과정의 의미를 기리기 위해 아내는, 〈노송정 국가문화재 승격 기념가〉를 가사체로 지었습니다. 이 글은 단순히 과정을 기록하는 데 그치지 않고, 노송정이 국가문화재로 인정받기까지의 여정을 상세히 기록한 작품입니다.

노송정 국가문화재 승격 기념가

뒷산에서 불어오던 귀에설던 솔바람도
반백년을 듣고보니 조상님의 숨결인냥
아늑하고 평화롭게 느껴지는 때가왔네
직장따라 대구에서 생활하던 삼십여년

크고작은 종가소임 밤낮없이 동동촉촉
시시때때 정성다해 수행해온 종부소임
조상님의 은덕기림 소홀함은 없었던가
다녀가신 손님들께 부족함은 없었던가

봉제사와 접빈객을 마음속에 새기고서
자손낳아 고이길러 사회교육 힘쓰면서
선대부터 물려받은 몸에익힌 충효사상
욕됨없이 살아내려 하루하루 애썼으나

돌아보면 미흡하고 부족했던 일뿐이고
소용돌이 역사속에 굽이굽이 겪어내며
육백년을 변함없이 한자리에 우뚝서서
대대손손 자긍심을 심어주던 온혜종가

손에설던 안살림이 나도몰래 익었는지
종가포럼 전시장에 차려올린 퇴계밥상
거친밥에 나물반찬 소박하신 선조밥상
방문하신 손님들은 면면각각 감탄사라

자랑스런 우리조상 퇴계선생 일상에서
검소하신 생활실천 몸소행해 보이시며
무언으로 오륜행실 청렴으로 살으셨네
오백년의 세월가도 그가르침 빛이나니

종가중의 종가로서 자리매김 하였지만
성현께서 태어나신 자랑스런 노송정이

문화재로 지정된건 일천구백 팔십오년
경북민속 제육십호 도문화재 지정받고

삼십삼년 세월흘러 이공일팔 십일월에
국가민속 제295호 국문화재 승격되니
가문에는 영광이요 후손들은 기쁨이라
날을정해 사당에서 노송정사 국가지정

문화재의 고유문을 선대전에 올렸으니
늦은감은 있지만은 후손으로 생각하니
자긍심이 솟아나며 온혜종가 자랑이요
이나라의 보물되니 감개무량 경사로다

수백년을 이어내린 자랑스런 노송정은
시속세월 흐를수록 값어치를 더하는데
소박하고 간절한맘 소망하나 더한다면
숭조이념 애국정신 유가법도 계승하여

이름높은 노송정의 분에넘친 종부자리
초심으로 돌아가서 최선다해 전해보리
노송정에 입문하여 일흔나이 넘긴여인
국가민속 문화재된 대청마루 올라서서

지금까지 돌봐주신 조상님전 묵념하니
감사한맘 가슴뭉클 조상님의 은덕이요
그정신을 계승함은 후손들의 몫이로다
대소사에 빠짐없이 참여하신 집안어른

지척에서 돌봐주신 고마우신 일가분께
진심으로 감사인사 필로적어 전하면서
대소문호 창대하길 두손모아 기원하며
두서없이 지었으니 고이하다 말으소서

노송정 도감록 편찬

2014년, 노송정에 보관하고 있던 고문서, 장판각, 현판, 유물 등을 국학진흥원에 위탁 보관하기로 협의하고, 이를 체계적으로 연구하여 정리하는 작업이 시작되었습니다. 이 과정은 오용원 수석연구원을 중심으로 한 연구팀과의 협력으로 이루어졌으며, 그 결과물이 바로 『노송정 도감록』입니다.

노송정의 유물은 총 2,173점에 달하며, 이는 단순한 유물 이상의 가치를 지닌 소중한 역사적 자산입니다. 2014년 1월에는 현판 4점, 같은 해 3월에는 목판 7점과 현판 2점, 2015년 4월 23일에는 고서 434종 842책, 고문서 1,298점, 서화류 17점, 기타 3점 등을 정리하였습니다.

고문의 경우, 1463년 서실입안 명현의 간찰을 포함한 귀중첩 등 26종 1,298점으로 구성되었습니다. 이 중 간찰은 502점으로 가장 많은 비중을 차지하며, 제문 283점, 시문 98점, 성책 74점, 좌목 60점, 만사 55점, 행장 42점 등이 그 뒤를 이었습니다. 이러한 고문서는 조선시대 영남 사림들의 사회상과 문화를 유추할 수 있는 중요한 자료로 평가받고 있습니다.

〈진성이씨 노송정 종택 도감록, 한국국학진흥원〉

〈노송정 유물 2,173점을 연구하여 도감록 제작〉

특히, 노송정 도감록은 단순히 자료를 나열하는 데 그치지 않고, 이를 분석하고 연구하여 각 자료가 지닌 의미와 가치를 깊이 있게 조명하고 있습니다. 예를 들어, '백패白牌'와 같은 시험 증명서는 조선시대 학문적 성추와 관직 등용 체계를 보여주는 중요한 자료이며, '분재기分財記'와 '소지所持'는 가문의 재산 분배와 사회적 관계를 구체적으로 이해할 수 있는 단서를 제공하였습니다.

이 도감록의 발간은 노송정의 역사적 중요성을 더욱 부각시키는 계기가 되었을 뿐만 아니라, 후대 연구자들에게도 귀중한 자료를 제공하는 역할을 하고 있습니다. 특히, 연구 과정에서 발견된 주요 자료들은 영남 사림들의 학문적, 정치적 활동을 조명하며, 이를 통해 조선시대 성리학의 중심지로서의 영남 지역의 위상을 재확인할 수 있었습니다.

그 외 문중을 위해 한 일들

지간선조 묘도수갈(芝澗先祖 墓道竪碣)

1994년 갑술년, 14대조이신 지간부군芝澗府君의 묘소에 비석을 세우고 고유告由하였습니다.

국망봉지 국역본(國望峯誌 國譯本) 간행

2005년 을유년, 재경 진성이씨 온친회溫親會의 주선으로 기존의 한자로만 되어 있던 국망봉지國望峯誌를 국문으로 번역하여 간행했습니다.

온혜종파 파보(溫惠宗派 派譜) 간행

2014년 갑오년, 파보派譜 간행을 위한 문중 모임을 열어 보소譜所를 설치하고, 임원과 실무진을 결성했습니다. 이를 통해 필요한 족보 관련 원고들을 수집하고 자손들의 인적 사항을 모두 확인하고 교정하여 약 4년에 걸쳐 관련 작업을 진행했습니다. 그리고 2017년 9월 20일에 1,100부의 파보 간행을 완료하고, 각 파별로 배송한 뒤 결산 총회를 통해 일을 마무리했습니다.

〈미산연보美山年譜〉

조고문집 미산유고(祖考文集 美山遺稿) 간행

할아버지이신 미산(諱. 범교範敎) 공께서 남기신 유고遺稿를 계부주의 주선으로 수집하고 편집하였습니다. 이를 이창경 씨에게 서문과 번역을 부탁하여 2020년 5월 29일에 간행을 완료하였습니다.

2. 가양주를 계승하다

　　노송정이 위치한 온혜는 논보다 밭이 많은 산간 지역이라, 대대로 좁쌀을 주재료로 한 가양주家釀酒를 담가 왔습니다. 의성김씨 귀와 종택龜窩 宗宅 종녀宗女이신 할머니는 친정의 자운주 담그던 비법을 접목하여 노송정의 가양주를 한층 더 깊이 있게 만드셨습니다. 아직도 따뜻한 구들목에 술단지를 앉히고 제사 준비의 첫 번째로 제주를 빚으시던 할머니의 모습이 선명히 기억납니다.

　　할머니의 가양주 비법을 계승하고, 친정에서 양조장을 운영하는 것을 본 경험이 있는 아내와 함께 '노송주'라는 전통주를 개발하여 자리 잡게 하기 위해 많은 노력을 기울이고

〈삼양주로 정성스럽게 술을 빚는 모습〉

있습니다. 좁쌀과 찹쌀로 빚은 삼양주(三釀酒/세 번 빚은 전통술) 노송주는 노르스름한 색깔과 좁쌀 특유의 향이 코끝을 스치는 독특한 풍미로 많은 사람들에게 호평을 받고 있습니다.

〈노송주〉

갓난아기를 돌보듯 긴 시간 동안 정성과 주의를 기울여서 빚어내는 가양주는 단순한 술이 아니라 전통과 문화를 담게 됩니다. 이러한 가양주의 가치에 뜻을 같이하는 안동지역 종가들이 모여 '가양회'라는 종가 전통주 모임을 결성했습니다. 노송정 종가를 비롯해, 학봉 종가의 〈금계주〉, 충효당 종가의 〈옥연주〉, 지촌 종가의 〈이수동주〉, 농암 종가의 〈일엽편주〉, 간재 종가의 〈숙영주〉 등이 참여하여, 정기적으로 모임을 가지며 전통주 계승과 발전에 힘을 모으고 있습니다. 현재는 이를 사단법인화하여 전통주 문화를 체계적으로 발전시키고 보존하고자 노력하고 있습니다.

〈좁쌀로 빚어 맑고 깨끗한 맛을 지닌 노송주〉

가양주를 복원하는 작업을 거치다 보니, 노송정을 일반인들에게 좀 더 편하게 알릴 방법이 무엇이 있을까, 여러 가지로 고민하게 되었습니다. 그래서 김용희 디자이너와 함께 브랜드를 개발하기에 이르렀습니다.

삼각형과 곡선이 조화를 이루며, 노송의 형상을 연상시키는 기하학적 디자인과 청록색 계열의 고즈넉스럽고 차분한 색감을 적용하였습니다.

영문 'rosong'과 한자 '老松酒'를 병기해 전통을 현대적으로 재해석한 프리미엄 브랜드의 느낌이 들도록 하여 깊은 역사와 품격을 담아내려는 의도를 반영하였습니다.

遲松 李昌建 回顧錄

전통을 알리다

I. EBS 한국기행
어린 종손의 눈에 비친 불천위 제사

2015년, EBS에서 노송정의 '불천위不遷位 제사'에 대한 특별편을 제작하고 싶다는 의뢰가 들어왔습니다. 집안의 제사가 방송을 통해 공개되는 것이 다소 부담스러웠기 때문에 처음에는 이를 거절했었습니다. 하지만 제작진이 종가와 제사 문화가 현대 사회의 정신적 기둥으로서 어떤 의미를 지니는지를 잘 표현하겠다고 설득했고, 그 취지에 공감하여 촬영을 허락하게 되었습니다.

가족들의 의견도 물어보았는데, 모두 방송의 의의를 인정하며 흔쾌히 동의해 주었습니다. 특히, 첫째 손자인 정환이는 촬영 당일에 사자소학을 줄줄 외우고, 늦은 밤 불천위 제

사가 끝날 때까지 열심히 참여하여 방송을 더욱 인상 깊게 만들었습니다. 방송의 제목이 〈어린 종손의 눈에 비친 불천위 제사의 모습〉으로 정해질 정도로, 정훈이의 모습은 큰 주목을 받았습니다.

   방송은 제사의 의미와 역사적 배경을 조명하며, 제사가 가족 및 지역사회에 미치는 영향, 그리고 젊은 후손이 제사에 참여하며 전통과 자신의 정체성에 대해 이해하는 과정을 담아냈습니다. 이를 통해 종가와 제사문화가 현대 사회에서 단순한 전통의 유물이 아니라, 지속 가능한 정신적 유산으로 자리할 수 있음을 강조했습니다.

〈EBS 한국기행, 불천위 제사에서 절하고 있는 정환이〉

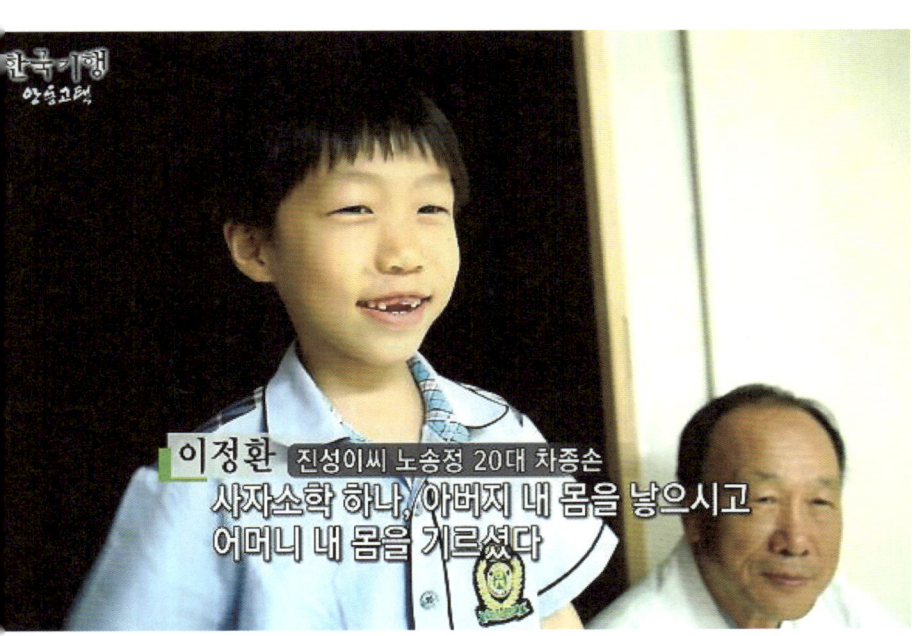

〈EBS 한국기행,
문중 어르신들 앞에서 사자소학을 외우고 있는 차차종손 20대 정환이〉

〈한국기행〉의 이 에피소드는 사회적으로 큰 반향을 일으켰으며, 많은 이들에게 종가 문화와 불천위 제사의 가치를 새롭게 조명하는 기회가 되었습니다. 방송 후, 많은 방송 매체에서 노송정을 주제로 섭외 요청이 왔는데, 노송정의 의의에 맞는 경우에만 섭외에 응하였습니다. 그중 하나가 KBS의 〈한국인의 밥상〉이었는데, 이번에는 둘째 손자인 정익이가 출연하여 할아버지로부터 배우는 밥상머리 예절이라는 주제로 방영되어 좋은 평가를 받았습니다.

〈KBS 한국인의 밥상_밥상머리 예절
할아버지와 겸상하는 정익이, 배우 최불암 씨와 함께〉

5부. 전통을 알리다

2. KBS 다큐공감
노송정의 시계는 멈추지 않는다

　EBS 한국기행 방송 이후, 여러 방송국에서 다큐멘터리와 방송 제작 의뢰가 이어졌습니다. 그중에서도 이동춘 작가, 서미연 작가와 연이 닿아 2017년 KBS와 함께 〈다큐공감〉이라는 프로그램을 기획하고 제작하게 되었습니다.

　당시 종가음식문화 보존에 관심을 가지고 있던 더플라자호텔과 협업하여 종가음식 기획전을 열게 되었습니다. 이 기획전을 중심으로 전통문화와 음식 보존을 주제로 삼아 프로그램의 내용을 구성하고 제작하였습니다.

　이 과정에서 더플라자호텔의 김창훈 수석 셰프가 큰 역할을 했습니다. 김 셰프는 종가음식 보존에 깊은 애정을 갖고

〈KBS 다큐공감, 전통적인 방식으로 제기 닦기〉

있었으며, 프로그램 제작 당시뿐만 아니라 이후에도 종가에서 열리는 여러 행사에 적극적으로 도움을 주며, 후원자 역할을 해주었습니다.

5부. 전통을 알리다

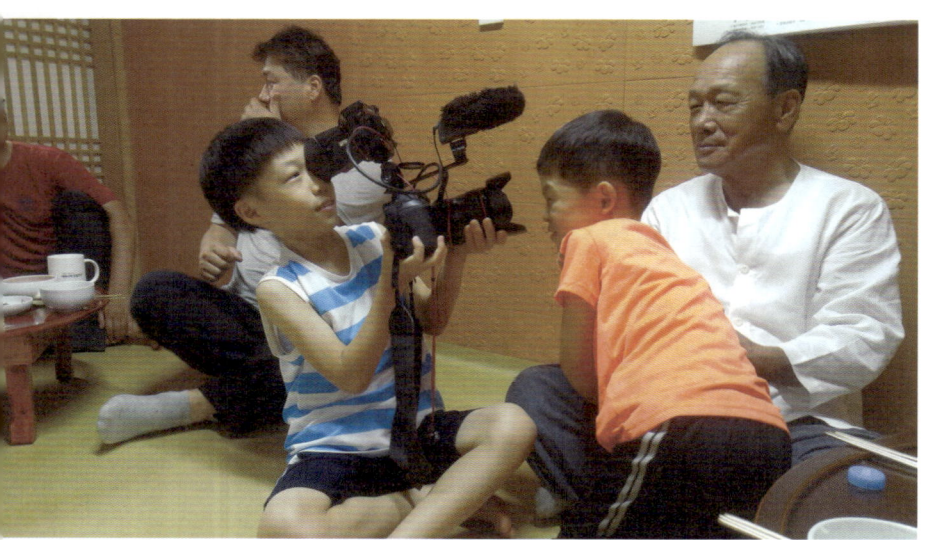

〈KBS 다큐공감 촬영 당시, 카메라를 들고 장난치고 있는 정환이〉

　이번 〈다큐공감〉 촬영에는 두 손자, 정환이와 정익이가 함께 출연했습니다. 전통을 계승하는 모습과 젊은 세대가 종가 문화를 배우고 실천하는 과정이 다큐멘터리의 중요한 장면으로 담겼습니다.

　정환이는 제사 준비 과정에서 직접 제기 세팅을 돕고, 정익이는 조부모님과 함께 종가음식의 의미를 배우며, 세대 간의 교감을 깊게 나누는 모습이 방송되었습니다. 이러한 장면은 젊은 세대가 전통문화를 단순히 배우는 데 그치지 않고 이를 자신의 삶에 적용하며 이해하는 과정을 생생히 보여주었습니다.

　방송 후, 많은 사람들이 노송정을 방문하여 전통을 계승하는 의의와 그 가치를 공감해 주었으며, 종가음식과 문화에 대한 관심이 더욱 높아졌습니다. 방송을 본 여러 기관과 단체에서는 종가 문화 보존에 대한 협력 방안을 제안하기도 했으며, 이는 노송정의 전통을 더욱 발전시키는 계기가 되었습니다.

　〈KBS 다큐공감〉은 단순히 전통을 보여주는 것을 넘어, 전통문화와 음식 보존이 현대 사회에 어떻게 자리 잡고 이어질 수 있는지를 보여주는 중요한 기회였습니다. 더하여 전통음식과 문화가 단순히 과거의 유산이 아니라, 현대 사회와 조화를 이루며 새로운 가치를 창출할 수 있음을 강조했습니다. 이를 통해 노송정의 전통과 가치를 더 널리 알리는 계기가 되었으며, 종가 문화의 의미를 더욱 깊이 되새길 수 있는 시간이었습니다.

3. TBC 고택음악회
전통과 현대의 만남

　2014년 10월, TBC 주최로 노송정에서 고택음악회가 열렸습니다. 이 행사는 종가의 대문을 활짝 열어 현대 도시인들과 교류하고, 접근하기 어려웠던 종가 문화를 일반인들에게 알리는 것을 목표로 기획되었습니다. 고택음악회는 전통 공간에서 현대적인 음악을 선보이며, 종가 문화가 가진 역사적 의미와 현대적 가치를 동시에 조명하는 계기가 되었습니다.

　음악회의 첫 번째 무대는, 전통 가야금과 현대 클래식 악기가 조화를 이루는 연주로 시작되었습니다. 관객들은 노송정 대청마루에 앉아 전통과 현대가 어우러지는 특별한 공연

〈TBC 고택음악회, 노송정〉

을 즐겼습니다. 특히, 노송정의 아름다운 풍경과 고풍스러운 건축물은 음악회의 배경으로 완벽한 조화를 이루며, 전통의 매력을 한층 더 돋보이게 했습니다.

이러한 고택음악회의 성공을 발판 삼아, 2022년부터 국학진흥원의 '선비투어'의 일환으로 노송정 고택음악회가 정기적으로 개최되고 있습니다. 이 프로그램은 지역 문화 관광의 핵심으로 자리 잡았으며, 현재는 해외 관광객들에게도 널리 알려져 큰 인기를 끌고 있습니다. 음악회는 단순히 음악을 듣는 자리를 넘어, 관객들에게 전통 공간에서 현대적인 경험을 제공하며, 새로운 문화 교류의 장을 열어가고 있습니다.

또한, 고택음악회는 단순한 음악회가 아니라 노송정이라는 공간이 가진 역사적, 문화적 가치를 현대적으로 재해석하며, 전통문화를 계승하고 알리는 중요한 플랫폼으로 자리 잡았습니다. 공연 후에는 관객들이 노송정을 둘러보며 전통 가옥의 구조와 이야기를 직접 체험할 수 있는 프로그램이 진행되어 더욱 풍성한 경험을 제공하고 있습니다.

　앞으로도 이러한 행사를 통해 많은 사람들이 전통의 가치를 경험하고, 그 매력을 느낄 수 있기를 기대합니다. '노송정 고택음악회'는 전통과 현대를 잇는 다리로서, 문화의 지속가능성을 보여주는 성공적인 사례로 자리 잡고 있습니다.

〈국학진흥원을 방문하는 외국인들을 대상으로 하는
고택음악회는 자주 열리고 있다〉

5부. 전통을 알리다

遲松 李昌建 回顧錄

6부

80년의 삶, 그리고 남은 길

1. 지인들의 축하

오랜 벗의 팔순을 축하하며

이창경 李昌京

  오랜 벗이자 평생을 함께 걸어온 친구, 휘원이 팔순八旬을 맞이하였다. 어린 시절 마을 골목을 뛰놀던 소년이 어느덧 팔십 평생을 지나, 학문과 가문의 전통을 잇는 종손으로서 살아온 길을 돌아보는 이 자리에서, 나는 깊은 감회에 젖는다.
  휘원은 스스로 노력하여 학문의 길을 닦았고, 가문의 유산을 보존하며 후손들에게 귀한 가르침을 남겼다. 그 헌신과 노력이 있었기에 노송정의 정신은 더욱 빛날 수 있었을 것이다.
  이 특별한 날을 맞아, 우리 문중과 벗들 모두가 진심 어린 축하를 보낸다. 그의 앞날이 더욱 평안하고, 건강과 복이 충만하기를 기원한다.

그리고 이 마음을 담아, 친구의 팔순을 축하하는 한 편의 시를 바친다.

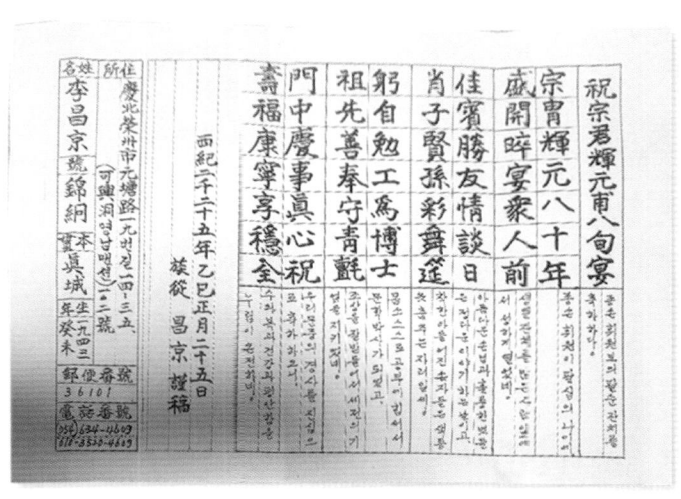

祝宗君輝元甫八旬宴
축종군휘원보팔순연

宗冑輝元八十年　종주휘원팔십년

盛開晬宴衆人前　성개수연중인전

佳賓勝友情談日　가빈승우정담일

肖子賢孫彩舞筵　초자현손채무연

躬自勉工爲博士　궁자면공위박사

祖先善奉守靑氈　조선선봉수청전

門中慶事眞心祝　문중경사진심축

壽福康寧享穩全　수복강녕향온전

乙巳正月二十五日 族從 昌京 謹稿
을사정월이십오일 족종 창경 근고

종손 휘원보의 팔순 잔치를 축하하다

종손 휘원이 팔십의 나이에
생일잔치를 많은 사람 앞에서 성하게 열었네
아름다운 손님과 훌륭한 벗들은 정다운 이야기를
하는 날이고,
착한 아들 어진 손자들은 색동옷 춤추는 자리일세
몸소 스스로 공부에 힘써 문학박사가 되었고
조상을 잘 받들어 세전의 기업을 지키었네
우리 문중의 경사를 진심으로 축하하오니
수와 복과 건강과 평안함을 누림이 온전하네

을미정월이십오일 족종 창경 근고

輝元宗孫 八旬祝詩: 李翰政
휘원종손 팔순축시: 이한정

宗孫疊鑠八旬年　종손확삭팔순년
仁者宜當壽必然　인자의당수필연
每念綱常家業續　매년망상가업속
恒思俎豆世規傳　항사조두세규전
芳緣賓客座中滿　방연빈객좌중만
彩舞兒孫膝下全　채무아손슬하전
琴瑟偕床和氣溢　금슬해상화기일
康寧百歲祝杯筵　강령백세축배연

乙巳正月二十五日 族叔 翰政 謹稿
을사정월이십오일 족숙 한정 근고

종손이 정정하게 팔순 년을 맞이하니
인자는 의당 장수함은 필연이네
매양 강상을 생각하며 가업으로 이었고
항상 조두를 생각하며 대를 이어 법도로
전하네
아름다운 인연의 빈객이 자리에 가득
하고
고운 옷 입고 춤추는 자손들이 슬하에
온전하네
금슬 좋아 해로하니 화기가 넘치고
백세까지 강령 비는 축배의 자리로다

을사정월이십오일 족숙 한정 근고

祝 老松亭 輝元宗孫 八旬: 李昌燮
축 노송정 휘원종손 팔순: 이창섭

宗孫矍鑠八旬春　종손확삭팔순춘

積善高堂慶福新　적선고당경복신

琴瑟和平安一室　금슬화평안일실

芝蘭顯達悅雙親　지란현달열쌍친

專心學海精誠盡　전심학해정성진

恒思箕裘素望伸　항사기구소망신

雲集佳賓爭頌祝　운집가빈쟁송축

珍羞盛饌賀筵陳　진수성찬하연진

　　　　　　　　　　族從 李昌燮 謹呈
　　　　　　　　　　족종 이창섭 근정

종손 기력 정정하게 팔순춘에

적선고당에 경복 새롭네

금슬화평에 안일실하고

지란현달에 싹친 즐겁네

전심학해에 정성 다했고

항사기구에 소망 펼쳤네

운집가빈 쟁송축에

진수성찬으로 하연진하네

　　　　족종 이창섭 근정

祝老松亭輝元宗孫八旬
宗孫豐錄八旬春積善高堂慶福新
琴瑟和平安一室芝蘭顯達悅雙親
專心學海精誠盡恒思箕裘素望伸
雲集佳賓爭頌祝珍羞盛饌賀筵陳

　　　　族從 李昌燮 謹呈

외우 李昌建 종손의 팔순에

지례 김원길

　나이 팔십을 팔순八旬이라 하고, 팔순을 산수傘壽라 한다니, 옛사람들도 이 나이를 예사롭지 않아 했던 모양입니다. 내년이면 구십卒壽을 바라보는 나이, 망구望九가 되지요.
　세월 가는 속도가 팔십엔 팔십 킬로, 구십엔 구십 킬로로 정신 못 차리게 빨라지니, 이쯤에서 마땅히 지나온 길을 뒤돌아보고, 감회에 젖고, 여생을 축복하는 이벤트를 하게 되지요. 팔순잔치 진심으로 축하드립니다. 그리고 축하 문집 발간에 내 글도 실어 주신다니 고맙고요.
　우리가 처음 만났던 때는 오십 대 초반의 어느 해, 이형이 무슨 일로 노송정 마루에 대구·경북의 종손들을 불러 모았던 때로 기억이 나는군요. 바쁜 중에도 지례서 온혜까지 차를 몰고 가서 사우당, 백불암, 한훤당, 농암 종가, 귀암 종가, 대산 종가 등 종손들과 처음 인사를 트고 돌아온 적이 있고,

그 뒤 이형이 가르치던 대학의 학생들을 나의 지례예술촌에 데리고 와서, 제게 지촌 고택의 유래와 전통문화의 중요성에 대한 이야기를 듣는 시간을 가지면서부터 우리는 비로소 가까워졌지요.

2017년, 우리 내외가 안동 시내로 나와 살면서부터는 나의 내자가 귀문의 딸네로서 형의 부인과 친구가 되어 자주 왕래하면서 우리 사이도 은연중 남달리 스스럼없이 지내게 되었어요. 그 후 나는 처음으로 예천 춘우재 종손 내외를 이 형 내외로부터 소개받아 알게 되어, 경상북도가 시행하던 종가 체험 행사에서 함께 만나는 등, 세 집 교유가 더욱 활발했습니다. 장담컨대 우리 양가가 출연한 일생의 명예로운 행사는 서울의 더플라자호텔에서 전국 종가음식 시식행사에 안동의 종부로서 함께 뽑혀 참가한 것이 아닐까 생각이 듭니다.

형은 과묵하고 점잖아서 늘 큰 바위같이 든든한 느낌이지요. 명랑하고 재치 있고 일을 좋아하는 부인을 만나 노송정 유서 깊은 저택과 가묘를 관리하며 봉제사 접빈객과 자식 자손 키우고 거느리며 팔십 평생을 성공적으로 사셨군요.

젊어서는 공부해서 교수도 되고, 아이들도 잘 키워 기업인으로 우뚝 섰으니, 사회적으로나 가정적으로나 더 할 나위

없이 반석 위의 노송정 종가를 이루어내셨습니다.

    이창건 종손, 정말 장하십니다. 흔히들 성공을 영웅적 활약으로 세상에 유명해지는 것쯤으로 생각하는데, 그렇지 않습니다. 이형처럼 인생을 오버하지 않고 분에 맞게 절제하며 차곡차곡 쌓아서 노년에 연착륙하기란 일견 당연한 것 같지만, 결코 쉬운 일이 아닌 것입니다.

    특히, 한 가문의 종가를 위험에 빠뜨리지 않고 안정되게 이어주고 물려준다는 것은 지손들에게 크나큰 보험이요, 울타리요, 구심점이 되는 것입니다. 이 종손은 그걸 이룬 것입니다.

    참으로 부럽습니다. 오늘의 이창건 종손이 있기까지 내조해 준 최정숙 종부님 노고를 치하 드립니다. 그리고 잘 자라주신 자녀분들은 이 두 분 부모님을 본받아 노송정 종가 사람들의 삶이 세상에 귀감이 되도록 더욱 자중자애하며 거뜬히 지켜나가 주십시오.

    인생 100년 시대에, 앞으로 만수 여생을 행복하게 해로하시기를 축수 또 축수합니다.

2025. 2.

지례 친구 김원길 올림

2. 동생들의 편지

큰형님의 산수연傘壽宴을 우리 형제 모두 진심으로 축하드립니다.

과거사를 회상해 보면 아버지(휘 회식 諱. 晦植, 자 동제 字. 東齊)께서 42세에 돌아가시면서 집안 사정이 어려움에 봉착하게 되었습니다. 할 수 없이 우리는 안동 생활을 철수하고 동생들이 다니던 학업은 뿔뿔이 떨어지면서 주위 여러분들의 도움으로 형제들의 학업 문제를 해결해 갈 수 있게 되었습니다. 그때부터 큰형님은 본인의 학업과 입신 욕망을 버리고 서울 명문 대학 입학도 포기한 채 고향에서 초등학교 교사 생활을 하며 가업에 전념하여 동생들이 학업을 마치고 사회에 나가서 올바른 시민으로서 살아갈 수 있도록 버팀목이 되어 주셨습니다.

〈형제간에 함께 떠난 제주 여행, 2022〉

이런 밑받침으로 우리 형제는 크게 성공은 못했지만 남들처럼 평범한 사회인으로서 생활하게 되었습니다. 그동안의 노고에 감사드립니다.

큰형님의 맏이 치헌이가 영민하고 재주가 있어 카이스트 박사 과정을 마치고 기업 경영에 참여하게 되어, 회사가 작년에 상장되었다고 하니 이 얼마나 자랑스러운 일입니까.

2년 전에는 우리 형제 내외 모두에게 근사한 제주도 여행을 마련해 주었고, 이번 큰형님의 산수연도 성대하게 준비를 해주었습니다 마음 씀씀이가 향후 우리 집안을 이끌 대들보로서 손색이 없다고 생각합니다. 앞날에도 무궁한 발전이 있길 기원합니다.

이제 형님 내외분께서는 국내외 좋은 곳도 여행하시면서 건강하게 오래오래 사시기를 우리 형제 모두가 바라겠습니다. 그동안 수고하셨습니다.

2025. 2. 23.

이창신(作故)　이송희
이찬선　　　이희정
이창용

3. 지난 세월의 회고와 감사

    팔십 년이라는 세월을 돌아보며, 저의 인생은 감사의 연속이었다고 말하고 싶습니다. 한 가문의 종손宗孫으로 태어나 종택宗宅을 지키며 살아왔다는 것은, 단순히 개인의 삶을 넘어 조상의 유산과 가치를 이어받아 전해야 한다는 큰 책임을 지닌 여정이었습니다. 이 책임을 지고 살아오면서, 문중의 많은 분들과 주변 분들에게 큰 도움과 지지를 받았습니다. 오늘 이 자리를 빌려 그 모든 분들께 깊은 감사의 마음을 전하고 싶습니다.

    그리고 제가 교수로서 살아오는 동안 만난 수많은 제자들과 동료들에게도 감사드립니다. 대학 강단에서의 시간은 단

순히 지식을 전달하는 자리가 아니라, 서로 배우고 성장하는 특별한 경험이었습니다. 제자들이 학문의 길을 걷고, 자신의 자리에서 빛나는 모습을 보는 것은 저에게 가장 큰 보람이었습니다. 그들이 앞으로도 더 많은 사람들에게 선한 영향력을 미치기를 바랍니다.

    조상들이 남긴 가르침을 이어받아, 그 정신을 후대에 전하는 것이 저의 의무이자 사명임을 다시금 되새깁니다.

6부. 80년의 삶, 그리고 남은 길

4. 앞으로의 다짐과 남기고 싶은 말

　지금까지 이어온 전통을 지키고 계승하는 책임을 앞으로도 계속 해나갈 것입니다. 단순히 과거를 돌아보는 것에 그치지 않고, 그동안 쌓아온 경험과 가치를 후대에 전하도록 노력하겠습니다.

　먼저, 노송정과 관련된 자료들을 더 체계적으로 정리하고, 이를 바탕으로 후손들과 사회에 전통의 가치를 알리는 작업을 이어가겠습니다. 우리의 역사가 단순히 과거의 이야기가 아닌, 현재와 미래를 연결하는 자산임을 보여주고자 합니다. 이를 통해 더 많은 이들이 우리의 전통에 관심을 갖고, 그 가치를 공유할 수 있도록 노력하겠습니다.

 또한, 가족들과 함께 전통 제사와 가양주家釀酒 문화를 이어가며, 전통의 실천을 멈추지 않을 것입니다. 이러한 작은 노력들이 모여, 우리의 문화가 더 널리 알려지고 사랑받는 계기가 되기를 바랍니다. 나아가 지역사회와의 교류를 통해 전통문화를 기반으로 한 다양한 활동을 기획하여, 전통과 현대가 조화를 이루는 사례를 만들어 나가고 싶습니다.

 후배들에게도 전하고 싶은 말이 있습니다. 여러분이 가진 열정과 재능은 여러분만의 것이 아닙니다. 여러분이 배운 것, 이루어낸 성과는 더 나은 사회와 미래를 만드는 데 쓰여야 합니다. 선대先代가 그랬듯, 여러분도 배움을 실천으로 옮기며, 자신만의 역사를 써 내려가기를 바랍니다.

끝으로, 제게 오늘날의 자리를 허락해 주신 모든 분들께 다시 한번 깊이 감사드립니다. 제가 걸어온 길은 홀로 걸어온 길이 아니었으며, 여러분의 도움과 지지가 있었기에 가능했습니다. 앞으로 남은 삶도 여러분과 함께 걸어가며, 받은 사랑을 나누고 함께 성장하는 여정으로 채우고자 합니다.

80년의 여정 속에서 함께해 주신 모든 분들께 진심으로 감사드리며, 여러분 모두에게 건강과 행복이 가득하기를 기원합니다.

後記

노송정의 역사와 현재의 이야기

　노송정 종가의 18대 종손으로 살아오신 저희 아버지께서 그간 있었던 일들을 모아 자서전을 제작해 보겠다고 하셨을 때, 이제까지 지나왔던 많은 일들이 떠올랐습니다. 격동의 시기, 노송정을 지키시며 힘겨운 시간을 보내셨던 건 알고 있었지만, 이번 자서전에 담긴 아버지의 글과 자료들을 통해 훨씬 많은 일들을 해오셨다는 사실을 알게 되었습니다. 그 일들이 하나하나는 '점點'으로 일어났지만, 모아보니 모두 노송정을 지키고, 전통을 후대에 물려주기 위한 여정의 '선線'이었다는 것도 알게 되었습니다.

　노송정 종가를 보수하실 때, 가구며 수많은 세간들이 비닐로 덮여진 채 마루에 나와 있던 기간들이 있었습니다. 공사를 하는 수년 동안 작업이 진행되지 않은 방들로 거처를 옮겨가며 불편을 감내하시던 모습이 아직도 생생합니다. 덕분에 오래된 기와와 낡은 서까래까지 모두 보수할 수 있었습니다. 본인들이 고생하시면서도 노송정을 대대손손 후손에게 물려줄 수 있겠다며 기뻐하시던 모습도 떠오릅니다.

또한, 아버지께서 제가 초등학교 때부터 대학 초반까지 거의 10년을 선조들의 산소를 정비하신다며 주말마다 다니셨던 것도 기억납니다. 묘를 정비하고, 비석과 상석을 놓고, 묘갈문을 작성하느라 고생이 많으셨습니다.

사실 제가 대구과학고등학교에 진학하고, 이후 카이스트에서 학업을 이어갈 수 있었던 것도 모두 아버지 덕분이었습니다. 중학교 시절, 아버지께서는 과학고등학교에 대해 알려주시며, 입학을 위한 준비 방법도 알려주셨습니다. 과학고등학교 입학 후 제가 영어 공부를 어려워하던 시기에는 매일 아침마다 영어학원에 직접 태워다 주시는 수고도 하셨지요. 이 헌신과 사랑 덕분에 저는 카이스트도 가고, 현재의 회사도 설립할 수 있었던 것 같습니다.

회사를 운영하며 바쁜 나날을 보내고 있지만, 노송정의 전통을 이어가는 일의 중요성을 항상 마음에 새기고 있습니다. 아직은 서투르지만, 아버지과 어머니께서 몸소 보여주신 모습을 잘 새겨 저와 아내가, 그리고 저희 아들들이 잘 이어갈 수 있도록 노력하겠습니다.

   이 책을 보다 보면 단순히 노송정 종손으로서 아버지의 삶에 대한 이야기에 국한되는 것이 아니라, 전통과 현대가 어떻게 이어지고, 어떻게 다음 세대로 넘어가야 할지에 대한 생각을 하게 됩니다. 저 뿐만 아니라, 이 책을 읽는 다른 이들에게도 전통의 의미를 되새기고, 삶의 방향에 작은 영감을 줄 수 있는 계기가 되었으면 합니다.

   고맙습니다.

부모님께 감사와 존경을 담아

첫째 아들이.